ediciones carena

FRANCISCO MORALES LOMAS

TEATRO CANÍBAL

Volumen VII

Primera edición: febrero de 2024

© Francisco Morales Lomas, 2024

© Ediciones Carena, 2024

Ediciones Carena
c/Alpens, 31-33
08014 Barcelona
T. 934 310 283
info@edicionescarena.com
WWW.EDICIONESCARENA.COM

Diseño de la cubierta: María Moreno

Maquetación: Adrián Vico

Coordinación: Jesús Martínez
WWW.REPORTEROJESUS.COM

Depósito legal B 2027-2024

ISBN 978-84-19890-51-1

Impreso en España - Printed in Spain

FRANCISCO MORALES LOMAS

TEATRO CANÍBAL COMPLETO

VOLUMEN VII

PRÓLOGO DE RAFAEL RUIZ PLEGUEZUELOS

Para Francisco Gutiérrez Carbajo.
Para Olivia, Gala y César.

PRÓLOGO

LA INJUSTICIA ES EL VERDADERO INSULTO

El teatro breve constituye una esfera creativa muy atractiva, tan magnética y rica como desafiante, donde los dramaturgos se sumergen en la creación de obras que encapsulan la esencia de lo teatral en espacios y tiempos reducidos. Esta forma de expresión condensada necesita de un autor que sepa ofrecer pinceladas maestras que logren transmitir la complejidad de la condición humana en instantes. No es un género fácil: exige la maestría de la concentración, algo que cualquier artista sabe que es un desafío. Por eso el legado de Morales Lomas, por su calidad, cantidad y ambición, es un conjunto admirable, una suerte de *comédie humaine* teatral enraizada en el absurdo y lo grotesco que en su momento el autor bautizó con fina intuición con la denominación de *teatro caníbal*.

Desde esta maestría del teatro breve y mínimo, Morales Lomas permanece desde hace décadas en el desafío artístico que le permite destilar las emociones y significados esenciales en un formato compacto y preciso, con diálogos chispeantes y quebrados, porque en las fracturas de la comprensión es donde habita el mensaje, que hay mucho y bueno. En su condensación y extraña cotidianeidad, el teatro breve de Morales Lomas desafía las convenciones teatrales tradicionales, explorando la profundidad emocional y la riqueza temática en su mínima expresión. Su teatro, al sintetizarse, despliega un arte que, en ocasiones, se acerca a lo abstracto, valiéndose de gestos, silencios y palabras escasas para sugerir mundos enteros, estimulando la imaginación del espectador y convocando su participación en la creación del significado. Despliega una *metateatralidad natural*, si se me permite definirlo así, inspirada en la teatralidad destilada del día a día y destinada a capturar la esencia misma de la experiencia humana, que siempre tiene algo de teatral. Podría decirse que Morales Lomas arranca a la realidad lo que tiene de teatral, sin desperdiciar una sola palabra ni un gesto coloquial, o precisamente usándolos a su conveniencia para crear un mensaje artístico no solo coherente sino admirable.

Fue allá por 1981 cuando este jienense introdujo la feliz noción del *teatro caníbal*, etiqueta que es una metáfora poderosa que evoca el teatro como un acto de devorar, transformar y sublimar realidades sociales cotidianas. Esta concepción metafórica nos invita a contemplar el teatro como un ritual social, donde se despliega una suerte de juego teatral aniquilador y cainita que, en su esencia, representa una forma de canibalismo ritual, transformando las realidades en un festín simbólico para los afortunados espectadores. La idea de este teatro como «comida social», término muy querido por Morales Lomas, sugiere una experiencia en la que los espectadores se alimentan emocional e intelectualmente de la representación, participando en este acto de devorar, metabolizar y asimilar los mensajes, valores y conflictos presentados en la obra y los personajes. Desde esta perspectiva, el teatro caníbal se convierte en un espacio donde la realidad es transformada, reinterpretada y consumida, en un proceso que implica tanto al creador como al espectador en un acto de transmutación cultural.

La elección meticulosa de las palabras en el teatro es un aspecto fundamental, como se sabe, una herramienta que trasciende lo puramente lingüístico para convertirse en un elemento clave en la construcción de significados y emociones. Cada término seleccionado por el dramaturgo es una de esas pinceladas maestras en el lienzo de la obra teatral a las que me refería al comienzo, una oportunidad de evocar, sugerir y transportar al espectador a diferentes realidades emocionales y psicológicas desde la expresión mínima, el *logos* intencional. La precisión en la selección léxica desplegada en las obras que pueden leer a continuación no solo moldean la experiencia teatral, sino que también representan una labor artesanal que define la profundidad y la resonancia de cada diálogo, monólogo o incluso del silencio mismo en la obra teatral. Deben saber, o recordar, que el silencio es también bien expresivo en el teatro, imprescindible en el trabajo del actor en el microteatro. La meticulosidad en la elección de las palabras es, en última instancia, un acto de conocimiento de los resortes dramáticos que permite al dramaturgo revelar capas de significado, conflictos subyacentes y matices emocionales que enriquecen la experiencia del espectador, creando un tejido verbal que envuelve e impacta.

Los diálogos en el teatro breve y mínimo son el corazón mismo de su narrativa. Cada intercambio verbal entre personajes, cada réplica, está imbuida de una carga significativa que trasciende la mera interacción superficial. En la escritura de Morales Lomas, las intervenciones de los personajes no son meros intercambios de palabras, sino auténticas piezas encajadas que revelan la complejidad de las relaciones humanas, los conflictos internos y externos. En la brevedad de sus formas, los diálogos brillantes logran capturar la esencia de una conversación, destilando la esencia misma de la comunicación humana en palabras bien escogidas. En estos intercambios se plasman los dilemas existenciales, las tensiones entre personajes, las pasiones y sus contradicciones —el teatro del absurdo tan instalado en la contradicción creativa—, formando así un tapiz lingüístico que trasciende el simple acto de hablar para convertirse en un reflejo íntimo y poderoso de la experiencia humana.

El lector de estas piezas teatrales va a disfrutar mucho con el uso del idioma que aquí se hace, sobre todo el reflejo de lo popular en relación con lo elevado, casi metafísico. La unión tan bien engarzada entre lo cotidiano y lo sublime. El lenguaje coloquial, los refranes y modismos se convierten en una paleta lingüística vital en las obras de Morales Lomas. A través de expresiones como "equilicuá" —que ofrece algunos de los momentos más jocosos y divertidos de las intervenciones de los personajes en esta selección—, "prueba del algodón", "más razón que un santo", "borrón y cuenta nueva", "alma de cántaro", "la cabra tira al monte", "más muerto que Caracuca" y tantos otros el dramaturgo inyecta autenticidad y una conexión inmediata con la realidad cotidiana en el diálogo teatral. Estas expresiones, tan arraigadas en la cultura popular, no sólo enriquecen el habla de los personajes, sino que también subrayan la naturaleza familiar y cercana de las situaciones representadas, aportando una capa adicional de identificación para el espectador que crea un contraste realmente brillante con las situaciones de absurdo vital sobre las que las piezas se sostienen.

El insulto, en la pluma de Morales Lomas, no solo es un mecanismo de expresividad, sino también un enfatizador necesario por contundente de lo que acontece en escena. La diversidad de insultos empleados en sus obras no solo refleja la riqueza del lenguaje coloquial a la que acabo de referirme, sino que también actúa como un reflejo crudo y directo de las tensiones sociales, de los conflictos y las emociones presentes en el entorno representado. Este arsenal lingüístico de insultos amplifica la intensidad de las interacciones, añadiendo una capa de fuerza realista que el espectador agradece y disfruta. Por las piezas teatrales que aquí se reúnen desfilan (y son solamente una selección): capullo, cabroncete, troglodita, plasta, bufo, zoquete, pringao, furcia, ramera, gilipollas, zoquete...

Hemos podido comprobar que la pandemia de COVID-19, como crisis global y transformadora, ha servido como catalizador creativo para numerosos hechos artísticos. Este periodo de incertidumbre y desafíos ha inspirado a dramaturgos a reflejar la complejidad de la experiencia humana en tiempos extraordinarios. El contexto de confinamiento, distanciamiento social y cambios drásticos en la cotidianidad ha generado una rica fuente de inspiración para la creación teatral, desafiando a los autores a abordar temas como la soledad, la resiliencia, la solidaridad, el miedo y la esperanza. La recopilación teatral que se presenta aquí es un testimonio artístico de este periodo singular, donde las obras no solo reflejan los impactos directos de la pandemia, sino que también exploran las repercusiones en la psique colectiva, ofreciendo una mirada introspectiva y reflexiva sobre la condición humana en tiempos de crisis. A estos impulsos obedecen de manera directa *El Covid 19 y el niño*, *La calle*, o *La PCR*. En el caso de *El náufrago*, la pandémica actúa como telón de fondo, la pieza realmente derivando hacia otras direcciones.

Si quisiéramos encontrar un gran tema de la obra teatral de Morales Lomas que aquí se presenta, y aún de su teatro de manera general, no tendría problema en afirmar que se trata de la importancia del respeto a la libertad individual. Prácticamente todas las piezas aquí contenidas denuncian a su manera las consecuencias de cuestionar, coartar y reducir la libertad del individuo, sin importar quién lo haga. Su teatro es un acto de resistencia frente a cualquier forma de opresión que restrinja la libertad individual. En nombre del avance y el progreso, innumerables libertades han sido recortadas o sacrificadas. En un mundo en constante transformación, se han erigido estructuras que, en vez de fomentar la libertad individual, la han restringido en aras del supuesto bien común. El teatro, como espejo de la sociedad, se convierte así en un espacio donde la reflexión sobre esta paradoja se vuelve vital. Morales Lomas, a través de su obra, desafía estas restricciones, cuestionando el precio que la sociedad paga por la presión del progreso, revelando las contradicciones inherentes a este camino hacia adelante. Desde su pluma brota una voz que se alza contra la intolerancia y el control en todos los ámbitos de la vida: político, sexual, social y cultural. Lomas se posiciona como un defensor apasionado de la autonomía y la capacidad de elección del individuo como valores fundamentales. Su teatro se convierte así en un espacio en el que la rebeldía contra las imposiciones sociales y políticas se manifiesta a través de la representación artística, invitando a la reflexión y la acción, desafiando al espectador a cuestionar y redefinir los límites impuestos por una sociedad restrictiva. Estos elementos convergen y entrelazan sus hilos para conformar un tapiz vibrante y complejo del teatro breve y mínimo, donde la metáfora del teatro caníbal de Morales Lomas se erige como un faro conceptual. En este cosmos teatral, la palabra, los diálogos, la inspiración contemporánea de la pandemia y la lucha por la libertad individual se entrelazan en una propuesta artística que desafía, emociona y provoca al espectador, invitándolo a sumergirse en un universo de reflexión y revelación a través del arte escénico.

El teatro del absurdo, movimiento que emergió como una respuesta a la crisis existencial del siglo XX, encontró su voz en dramaturgos emblemáticos como Beckett, Ionesco y Adamov. Desde una perspectiva histórica, este enfoque desafió las convenciones teatrales, presentando un mundo caótico y carente de lógica. En esta línea, Morales Lomas crea un estilo propio, aclimatado a su concepción del teatro, que incorpora elementos de un «absurdo-social» o «absurdo-realista» —permítanme la libertad de definición—, términos que me parecen acertados para definir lo que el autor hace. Un teatro que, como comprobarán tan pronto se sumerjan en las propuestas escénicas aquí contenidas, si bien está profundamente comprometido con la realidad, la trastoca y ridiculiza en sus valores fundamentales. Lo que pretende y consigue el autor es romper la comunicación entre personajes para alcanzar la comunicación con el espectador. En esa inversión constante de los convencionalismos que sustentan la sociedad, quedan al descubierto la hipocresía, la incoherencia e irracionalidad de las normas establecidas. En la obra del autor jienense, el absurdo se convierte en una herramienta para desmontar y desafiar los cimientos de la realidad social, exponiendo las contradicciones inherentes a los hechos sociales y confrontando al espectador con la inversión de valores que subyace en su entorno.

La construcción de las piezas teatrales de Morales Lomas se sustenta en mecanismos hábilmente empleados para desafiar la percepción del espectador. Entre ellos, destacan los juegos de incomprensión, donde los diálogos entre personajes parecen desviarse de la intuición común, generando una tensión comunicativa aliviada por el humor donde la falta de entendimiento se convierte en un recurso expresivo. Este choque de palabras y significados aparentemente discordantes, en lugar de alienar al espectador, le ofrece una nueva perspectiva sobre la realidad, incitándolo a extraer significados más profundos a pesar de la aparente falta de entendimiento entre los personajes. Aquí tenemos un buen ejemplo de esa «incomprensión expresiva» a la que me refiero, tomada de una pieza de esta colección titulada *El tropezador:*

EL TROPEZADOR.- Me dijo antes de morir que cualquier día mis tropiezos me iban a conducir a la tumba.

EL MUERTO.- ¿Era adivina?

EL TROPEZADOR.- No, registradora de la propiedad.

EL MUERTO.- Ya se sabe que los registradores de la propiedad son unos linces.

El dramaturgo emplea además una estrategia distinta muy practicada en este tipo de teatro que se basa en despojar a sus personajes de nombres propios, optando por designaciones genéricas no tanto para crear arquetipos como para presentar la persona destilada, reducida, jibarizada, expuesta como un individuo parlante al servicio de la intención dramática. Las denominaciones de personas son por tanto genéricas: "profesor", "alumno", "padre", "hijo", "voz 1", "gay 1".... Esta elección crea personajes despojados de individualidad o con una personalidad que responde exclusivamente a la necesidad dramática. Esta técnica permite a Morales Lomas trabajar con la esencia de estos roles, desafiando la convención de la identidad individual y enfocándose en la representación de conflictos inherentes a estas figuras genéricas.

La ruptura deliberada de la lógica discursiva, en sintonía con las premisas del teatro del absurdo que antes mencionaba, se convierte en un recurso narrativo recurrente en la obra de Morales Lomas. Esta desviación de la lógica convencional desafía al espectador a abandonar las expectativas habituales de un discurso lineal y coherente, sumergiéndolo en un mundo en el que las reglas del lenguaje y la lógica se desdibujan, invitándolo a cuestionar las estructuras y convenciones establecidas. Aquí tenemos un magnífico fragmento de *La PCR* que sirve para ejemplificar esta belleza y expresividad de lo no esperable:

CHICO.- No. Se ha muerto la pobre.

CHICA.- ¿De qué?

CHICO.- No sé. La verdad es que no lo he preguntado. Como se ha muerto.

CHICA.- ¿No le has preguntado a nadie de qué se ha muerto tu tía?

CHICO.- A mí no me gusta hablar de la muerte. Me gusta hablar de la vida.

Doce piezas de teatro breve y mínimo componen este volumen séptimo del Teatro Caníbal de Francisco Morales Lomas, que por supuesto no se detendrá aquí. Todas mantienen una calidad e interés uniforme, así que me van a permitir que les esboce el argumento e intención principal de todas ellas, para que este prólogo sirva también de pórtico a la lectura.

En *Cosas de Gays*, obra que abre este festín teatral, el autor hace reflexionar al espectador sobre la imposición de conductas sexuales de la sociedad contemporánea. Se nos sitúa en un momento futuro en la que la homosexualidad ha sido impuesta: ser gay es obligatorio, y el comportamiento heterosexual no solamente no está bien visto sino que es vigilado por una policía moral, en alusión directa a la tradición literaria distópica. Mediante un diálogo aparentemente disparatado, se juega con la ironía y el absurdo no tanto para defender la preferencia heterosexual como para romper una lanza en favor de la libertad: que sea el individuo quien elija y no la sociedad la que obligue en un proceder que pertenece al ámbito de lo personal y privado. El humor, constante en la pieza, se sirve a través de los recuerdos del deseo de los personajes, que añoran ese pasado en el que podían cortejar y disfrutar de estar con una mujer.

El profesor caníbal nos invita a pensar acerca de la crisis de la educación, dibujando un paisaje en el que el docente no cuenta con ninguna autoridad sobre el alumnado y la verdadera cultura tiene un rol marginal en el proceso educativo, no conecta con los jóvenes y ha quedado totalmente orillada. Disfrutarán mucho con las intervenciones de un profesor insultado, desprestigiado, casi vejado por los que deberían ser sus discípulos pero prácticamente se han convertido en sus verdugos.

El tropezón, texto dedicado al profesor Antonio Moreno Ayora, parte de la anécdota jocosa y absurda de alguien que, caminando por un cementerio, tropieza y muere al caer en una fosa. La pieza recoge el diálogo entre *el tropezador*, recién muerto, y el dueño legítimo de esa tumba. El humor y los diálogos entre absurdos y cómicos sirven esta vez para reflexionar sobre los nacionalismos, haciendo enfrentamientos dialécticos entre el muerto, catalán, y el tropezador.

En *El Covid 19 y el niño*, un nonagenario calma la terrible soledad del confinamiento hablando con su hijo, soltándole de sopetón que tiene el coronavirus y que ha dejado embarazada a la asistenta. En lugar de mantener una simple charla cariñosa como corresponde, el padre se dedica a cuestionar y retorcer cada palabra del hijo utilizando como arma un fino humor cargado de ironía, al tiempo que analizan la estirpe familiar, achacando todos los defectos del hijo a la herencia de la madre, en ese juego de todo lo bueno de los hijos es mío, y todo lo malo de la familia de la mujer. La pieza es muy disfrutable por su dinamismo y capacidad escénica, y merece ser estudiada como ejemplo de hecho artístico surgido de la pandemia. Regala además alguno de mis diálogos favoritos del libro, que no me resisto a presentarles aquí. Hay un momento en el que el anciano habla de su lucha contra el coronavirus y ofrece esta preciosa línea de diálogo, verdadero verso futurista: «En lugar de cultivar flores, estoy cultivando anticuerpos.»

La calle, pieza de extensión mínima, trata de ofrecer luz y animar a la reflexión sobre el miedo a salir a la calle tras la epidemia, y esa especie de síndrome de Estocolmo colectivo que nos empujó a mantenernos encerrados pese a que las razones para permanecer dentro de las casas no estuvieran claras o totalmente justificadas.

La PCR ofrece algunos de los diálogos de absurdo más brillantes de la selección de este volumen. En ella una pareja de novios se encuentra después de mucho tiempo, pero no pueden hacerse arrumacos ni quererse porque ella está presionada por la madre y la abuela para mantener la distancia social. Como objeto simbólico, ella sostendrá en escena una regla con la que asegurarse de que hay una separación suficiente. Una vez más, diálogos muy divertidos que juegan con ese pensamiento que no encaja, y momentos de diálogo especialmente brillantes, como el que aquí reproduzco:

«A mí no me gusta hablar de la muerte. Me gusta hablar de la vida.»

Con la epidemia de Covid como telón de fondo pero sin el protagonismo de las otras piezas, en *El náufrago* Morales Lomas vuelve a tocar un tema que ha estado presente en su teatro con asiduidad: el de la emigración ilegal y la no poca hipocresía con la que tratamos el tema. Diálogos hilarantes en torno al estado de bienestar, el sueño de la inmigración con una Europa que te va a hacer rico y unos juegos de atracción sexual muy fuertes, con la mujer de un español sintiéndose muy atraída físicamente por ese náufrago que acaba de arribar a la costa. Una pieza que tiene un buen número de interpretaciones desde la crítica poscolonial y los estudios sobre teatro y migración, o literatura del desplazamiento.

El sexto mandamiento ofrece los diálogos sobre sexo y conocimiento de sí mismo entre un niño y su confesor, que no se ve capaz de aconsejar adecuadamente al chaval, y permanece entre desbordado y sorprendido toda la pieza. Es la obra en la que la factura técnica se acerca más al teatro convencional, centrado sobre todo en cuáles son las pulsiones del deseo y la forma en que era —reprimido— por una sociedad mojigata.

La niña y el mendigo que leía novelas de amor otorga para la escena un diálogo inteligente entre un mendigo y una niña muy lista que se ha escapado de casa porque sus padres están todo el tiempo discutiendo. Propone un teatro algo distinto, más sentimental, de un corte más realista y tradicional. Las reflexiones de ambos son magníficas, girando sobre todo en torno a lo complicado que parece el mundo de los adultos desde la perspectiva de una niña. En un momento de la historia, aparece un policía —el cuestionamiento de la autoridad y los juegos establecidos en torno al mando y la obediencia son igualmente una constante en la obra de Morales Lomas— y se arma un lío fenomenal, llevándonos hacia un final tan divertido como sorprendente. Contiene símbolos de fina poética, y podría hacerse un trabajo de dramaturgia y escenografía muy interesante con los elementos que representa.

El espejo contiene la originalidad de que uno de los personajes sea un objeto inanimado, un espejo que tomando recursos de la prosopopeya, en la atribución de cualidades humanas a los objetos, repite todo lo que un hombre dice hasta que desquicia totalmente al individuo. Contemplen las posibilidades dramáticas de su contenido:

HOMBRE.- Ya volvemos otra vez a las andadas.

ESPEJO.- Ya volvemos otra vez a las andadas.

HOMBRE.- Es inútil hablar con un espejo.

ESPEJO.- Es inútil hablar con un hombre.

HOMBRE.- ¡Eh, alto ahí, tú no eres yo!

ESPEJO.- ¡Eh, alto ahí, tú no eres yo!

HOMBRE.- Tú has dicho que es inútil hablar con un hombre. Te he escuchado, has dicho hombre.

Yo es un monólogo curioso —el único verdadero monólogo de la colección—en el que un personaje, llamado simplemente Yo, se dirige al público rompiendo la cuarta pared para entrar en un diálogo con el espectador en el que filosofa y se cuestiona la vida con un humor bien compartido y proyectado en la escena.

La pieza final, *El terrorista,* nos enfrenta a otro de los problemas contemporáneos: el del terrorismo. Un supuesto terrorista habla con sus padres, que le recriminan todo lo hecho y le insultan cuanto pueden, despreciando sus acciones. En el diálogo establecido en escena, se centran en algo tan trivial como elegir cuál es el insulto que mejor le define: hijo de puta, inútil, infructuoso… lo que al final puede ser incluso una charlotada del hijo, una broma pesada, sirve para jugar con las distintas capas de una relación familiar.

Morales Lomas, a través de esta nueva entrega de su teatro caníbal que he tenido la suerte de prologar, nos sumerge con cada pieza en una reflexión profunda sobre las derivas más peligrosas de nuestra sociedad. Al introducir elementos que desafían la lógica convencional en su teatro, el dramaturgo invita al espectador a cuestionar y reevaluar la naturaleza de lo que consideramos válido. La confrontación de lo cotidiano con lo absurdo permite una mirada más clara y honesta hacia la realidad, revelando así la naturaleza efímera y paradójica de la existencia humana. De esta manera, el escritor nos lleva a explorar una realidad que se revela con mayor intensidad cuando se contempla desde la irrealidad, desde los confines de lo ilógico, desafiando nuestras percepciones y estableciendo experiencias teatrales que nos hagan testigos de la complejidad de la experiencia humana, sobre todo de nuestras equivocaciones. Que son muchas más de lo que creemos.

Feliz lectura.

RAFAEL RUIZ PLEGUEZUELOS
Dramaturgo, narrador, ensayista,
profesor de la Universidad Internacional de La Rioja

COSAS DE GAYS

A Harold Pinter

PERSONAJES

GAY 1
GAY 2
GAY 3
POLICÍA

ACTO ÚNICO

(En cualquier lugar y en cualquier momento. Puede que en el futuro.)

GAY 1.- Hola.

GAY 2.- Hola.

GAY 1.- ¿Tú eres también gay?

GAY 2.- Así es, como tú, supongo.

GAY 1.- Supones bien.

GAY 2.- ¿Y qué hacemos aquí?

GAY 1.- Conocernos.

GAY 1.- ¿Acaso no nos conocemos?

GAY 2.- Que yo sepa.

GAY 1.- *(Lo saluda.)* Tanto gusto.

GAY 2.- El gusto es mío.

GAY 1.- No te pases.

GAY 2.- ¿A qué te refieres?

GAY 1.- A lo del gusto.

GAY 2.- No, si tú a mí no me gustas. Es una forma de hablar.

GAY 1.- Pensé.

GAY 2.- Veo que eres muy susceptible.

GAY 1.- No. Precavido.

GAY 1.- Es que hay por ahí cada uno.

GAY 2.- Lo dices por experiencia.

GAY 1.- ¿Tú qué crees?

GAY 2.- Que sí.

GAY 1.- Pues eso.

GAY 2.- ¿Y tú a qué te dedicas?

GAY 1.- *(Abriendo los ojos.)* ¿Tú qué quieres, ligar conmigo? Lo estoy viendo en tus ojos.

GAY 2.- Solo trato de ser amable, pero si no quieres que hablemos, no hablamos.

GAY 1.- Es que me daba la impresión…

GAY 2.- … De que te estaba ligando.

GAY 1.- Eso.

GAY 2.- Y no está el horno para bollos.

GAY 1.- No. No eres mi tipo tampoco.

GAY 2.- *(Irónico.)* Gracias por el cumplido.

GAY 1.- Estamos en tablas. Además, no es por ti, ¿sabes? Es por mí. Soy un tipo raro.

GAY 2.- ¿En qué eres raro?

GAY 1.- Por ejemplo, a mí me gustaría que me llamaran por mi nombre.

GAY 2.- Pero si piensas que te quiero ligar ni te lo pregunto.

GAY 1.- *(No escuchando.)* A mí me gustaría que me llamaran como a todo el mundo, Tom o Rescesvinto.

GAY 2.- *(Corrigiéndole.)* Querrás decir Recesvinto.

GAY 1.- Eso he dicho.

GAY 2.- No. Has dicho Rescesvinto. Con ese delante de la ce.

GAY 1.- *(Vuelve a repetir tozudamente el mismo nombre.)* Perdona, en mi vida he dicho Rescesvinto.

GAY 2.- ¡Lo estás diciendo!

GAY 1.- Eso lo dirás tú.

GAY 2.- Si quieres lo grabamos y así te quedas tranquilo.

GAY 1.- No necesito grabarme, yo sé lo que he dicho perfectamente. (*Ahora lo pronuncia correctamente.*) He dicho Recesvinto.

GAY 2.- Ahora sí lo has dicho bien.

GAY 1.- (*Obstinado.*) Y antes también.

GAY 2.- ¿Tú de qué vas?

GAY 1.- (*Gallito.*) ¿Y tú?

GAY 2.- (*Reculando.*) Bueno… ¿Y ese rollo de que quieres que te llamen Tom o Recesvinto? ¿Recesvinto existe?

GAY 1.- Sí.

GAY 2.- Pensándolo bien no sé qué es peor, que te digan Recesvinto o maricón.

GAY 1.- Sí. Prefiero que me digan maricón.

GAY 2.- Es más solemne.

GAY 1.- ¡Ah!

GAY 2.- Llamar Recesvinto a una persona es insultarlo.

GAY 1.- ¿Y maricón?

GAY 2.- Depende.

GAY 1.- ¿De qué?

GAY 2.- Si lo dices con inquina.

GAY 1.- Ya.

GAY 2.- Mejor deberíamos llamarnos por nuestra profesión.

GAY 1.- ¿Obispo?

GAY 2.- Sí. No queda mal.

GAY 1.- O el obispo gay.

GAY 2.- Como todos.

GAY 1.- Pues yo estoy harto de que la gente vaya diciendo por ahí va el gay ese. O mucho peor, por ahí va el maricón ese.

GAY 2.- Es una forma de hablar. Es como decir ahí va el tipo ese. Pero no sé de qué te quejas si ...

GAY 1.- ... Pero es absurdo. Gays o maricones, o incluso mariconazos (hay categorías) es lo que hay por todas partes desde que aprobaron la ley de que todos los heterosexuales tendrían que ser curados y sometidos a una estrecha vigilancia.

GAY 2.- El estado opresor.

GAY 1.- Sí.

GAY 2.- ¿Tú eras hetero?

GAY 1.- Totalmente.

GAY 2.- Igual que yo.

GAY 1.- Nos han cambiado la existencia.

GAY 2.- Sí.

GAY 1.- Con lo que a mí me gustaban las mujeres.

GAY 2.- Sí.

GAY 1.- Su olor a vainilla.

GAY 2.- Sí.

GAY 1.- Y a arroz con leche.

GAY 2.- Sí, es verdad, algunas olían a arroz con leche.

GAY 1.- Pero desnatada.

GAY 2.- Sí, desnatada, que la entera engorda.

GAY 2.- ¡A mí me gustaban más las mujeres que olían a arroz con leche! Esas mujeres estilo Botero, que les chorreara la grasa por todas partes. *(El GAY 2 se está relamiendo de gusto al mismo tiempo que habla y se deja llevar por la memoria.)* Caer entre sus carnes y sentirse arropado por sus grandes mamas que te aprisionaban el rostro y apenas si podías respirar.

GAY 1.- Es verdad. Y cuando te ponías entre su sexo, te perdías. Era como un laberinto. ¡Qué mujeres aquellas de antaño, hermosas, gordas, gordas, gordas!

GAY 2.- (Nostálgico.) ¡Qué tiempos aquellos!

GAY 1.- Sí.

GAY 2.- ¿Y los culos, qué me decías de aquellos culos hermosos? ¡Aquellos jamones olorosos!

GAY 1.- Solo nos queda la nostalgia de un tiempo vivido. El olor a una mujer. Y no te importaba tampoco engordar a ti.

GAY 2.- No. A mí no.

GAY 1.- ¿Y a ti cuándo te obligaron a ser gay?

GAY 2.- En la escuela.

GAY 1.- Igual que a mí.

GAY 2.- Un día el profesor vio que iba diciendo cosas de desviado, como que me gustaba una niña de clase y tal y tal… y dijo: a este hay que llevarlo a los ejercicios espirituales.

GAY 1.- ¿Cuántos años tenías?

GAY 2.- Cinco.

GAY 1.- *(Bromea.)* Por el culo te la hinco.

GAY 2.- Esas bromas malas de maricón reciclado no me van.

GAY 1.- Percibo que los ejercicios espirituales continuados no te hicieron un gay muy convencido.

GAY 2.- Hombre, echo de menos el olor a vainilla y el arroz con leche de aquellas pródigas mujeres.

GAY 1.- Claro, pero los políticos se convencieron de que la sociedad funcionaría mejor si toda estuviera conformada por gays y lesbianas. El orden perfecto.

GAY 2.- Así fue. Crearon informes científicos *ad hoc* y los economistas, que casi siempre se equivocan, solo lo hacen bien cuando la realidad se manifiesta, previeron que las sociedades avanzarían más si se eliminaban aquellas relaciones (ellos llamaban *contra natura*) de hombre-mujer.

GAY 1.- Decían que los hombres siempre se habían llevado mejor con los hombres y las mujeres con las mujeres. Que adónde íbamos a llegar con tanto hétero.

GAY 2.- Y te ponían ejemplos difíciles de combatir dialécticamente. Te decían por ejemplo: ¿las niñas pequeñas con quién juegan y a qué?

GAY 1.- Juegan juntas entre ellas a las casitas y las muñecas.

GAY 2.- Eso decían. ¿Y los niños?

GAY 1.- También juntos a la pelota, a empujarse… a decirse barbaridades como maricón, hijo de puta y vete a la mierda.

GAY 2.- Así es. ¡Qué tiempos aquellos en que le podías decir a uno maricón y se mosqueaba! Ahora no se mosquea nadie.

GAY 1.- *(Rememorando.)* Y, además, de pequeños los niños estábamos a un lado y las niñas a otro. Eso de jugar combinados no nos iba. Y cuando crecíamos, ¿quién iba a jugar a las cartas a los bares? ¿Ellas? Desde luego que no. Los bares estaban llenos de hombres jugando al dominó. Eso era una sociedad libre. Los hombres jugando al dominó y las mujeres en un centro comercial comprando ropa. Cada oveja con su pareja. Y por la noche a fornicar con las gordas. Todas eran gordas.

GAY 2.- ¿Y al dominó? ¿Quién jugaba al dominó en los bares? No he visto nunca a una mujer jugar al dominó en un bar. Decían que eso era de machorras. Y ellas eran muy mujeres. Les gustaba ir de compras, darle teta a los niños y, algunas, no todas, ponernos los cuernos. Eso era otra vida.

GAY 1.- Desde luego.

GAY 2.- ¿Y ahora, qué es esto de tener que vivir permanentemente con un tío? Pero si a mí me gustan las mujeres, coño. Las mujeres gordas.

GAY 1.- ¿Cuántas veces viste tú a una mujer jugar al dominó en un bar?

GAY 2.- Nunca.

GAY 1.- Esa es la prueba del algodón.

GAY 1.- Son argumentos irrebatibles.

GAY 2.- Y así podríamos estar poniendo ejemplos hasta mañana. Por ejemplo, ¿quién iba normalmente al fútbol?

GAY 1.- Los tíos. ¿Qué es eso de ver a una mujer viendo el fútbol? Las mujeres se iban al parque con sus amigas a pasear a los niños y a cuchichear.

GAY 2.- A criticar más bien.

GAY 1.- Eso.

GAY 2.- Y no digamos nada de aquellas más modernas que viajaban con sus amigas al extranjero.

GAY 1.- Es verdad. Las tías viajaban juntas.

GAY 2.- Es curioso. Nunca he visto a dos o tres hombres viajando juntos al extranjero. Bueno, lo más que he visto es cuando van a Tailandia a follar.

GAY 1.- Eso sí. A Tailandia a follar no van las mujeres.

GAY 2.- Como mucho se contaban sus amoríos.

GAY 1.- Sí, eso es muy de mujer. Les encanta el cotilleo de amoríos, pero de putas no, sí ellas no van a Tailandia.

GAY 2.- Por eso se cambió todo. Dijeron que así no podía funcionar la sociedad. Y los psicólogos oficiales fueron convenciéndonos de que la heterosexualidad solo conducía a la destrucción de la sociedad. Que los gays y las lesbianas se llevaban mucho mejor y las sociedades progresarían más. Así que tenían todos los argumentos a su favor.

GAY 1.- Así es. Decían que a partir del momento en que los niños y las niñas comenzaban a decir que tenían novios y novias, a eso de los cinco años, se jodía todo.

GAY 2.- Allí la sociedad se desviaba y caía en la barbarie.

GAY 1.- Una verdad como un templo.

GAY 2.- Así es. Los que nos enamorábamos (*fallen in love*, dicen los ingleses, ¡qué cursilada!) a los cinco años éramos sujetos peligrosos porque arruinábamos la sociedad. Nos hacíamos heterosexuales y eso era peligrosísimo. Los niños tenían que seguir con los niños y las niñas con las niñas que era con los que se llevaban bien y estaban a gusto.

GAY 1.- Al principio fue fácil convencernos.

GAY 2.- Sí. Es lógico. Si le preguntas a un niño pequeño con quién quiere jugar dice que con su amigo.

GAY 1.- Claro. Una cosa era jugar y otra follar o vivir toda la vida.

GAY 2.- Donde se pusiera una mujer que oliera a vainilla o a arroz con leche…

GAY 1.- Así fue. Lo has descrito muy bien.

GAY 2.- Y desde entonces yo estoy frustrado.

GAY 1.- Yo también. *(Melancólico.)* Con lo que a mí me gusta una vagina.

GAY 2.- ¿Y una teta? ¿Con su buen pezón aureolado?

GAY 1.- ¿O dos?

GAY 2.- Hombre, siempre dos tetas son mejor que una. Dos tetas con dos buenos pezones. Ya lo dice el refrán: Dos tetas tiran más que dos carretas.

GAY 1.- Hacía tiempo que no oía eso. Desde que escuchaba a mi abuelo. Mi abuelo es que era un hetero de tomo y lomo. Le gustaba más una mujer que el acueducto de Segovia.

GAY 2.- Hombre, no hay comparación. Donde se ponga una mujer. Por muy fea que sea, que se quite tanta piedra.

GAY1. Pues nada. Nos cambiaron la vida y nos dijeron de pronto una mañana en aquellos ejercicios espirituales insufribles… Que por cierto. Los hacían los de siempre, los religiosos. ¡Cómo arrimaban el ascua a su sardina! Nos decían, digo, ahí tienes al tío con el nabo.

GAY 2.- Entre tú y yo. *(Confidencial.)* Algunos tienen el nabo muy feo.

GAY 1.- Un pingajo.

GAY 2.- Desde luego.

GAY 1.- O encorvado.

GAY 2.- Sí. La mayoría. Como malencarados. Penes cóncavos, como enojados.

GAY 1.- Sí, sí.

GAY 2.- *(Pesaroso.)* ¡Cuánto echo de menos mis primeros amores con una chica hermosa!

GAY 1.- O fea. A mí ya me daría igual.

GAY 2.- O gorda.

GAY 1.- *(Timorato.)* Nos estamos descuidando en el fragor de la memoria. Debemos ser más precavidos al hablar. A ver si nos están grabando.

GAY 2.- *(Mira alrededor.)* Aquí no hay nadie. Podemos hablar de lo que queramos.

GAY 1.- ¿Tú crees? Yo soy muy miedoso.

GAY 2.- *(Vuelve a mirar.)* No hay problema.

GAY 1.- *(Animado y nostálgico.)* ¿Y qué te parece si recordamos viejos tiempos y volvemos a la heterosexualidad?

GAY 2.- No te entiendo.

GAY 1.- Tú podrías hacer de mujer y yo de hombre, aunque sea por un momento, en plan recordar.

GAY 2.- Pero eso no soluciona el problema. Eso es lo que estamos haciendo todos los días. Tú haces de mujer y yo de hombre.

GAY 1.- Al revés.

GAY 2.- ¡Qué más da! Tan maricón es el que da como el que toma.

GAY 1.- No da igual… Vale, pero ¿te animas a hacer esas cosas?

GAY 2.- *(Sorprendido.)* Para qué. Estás loco. ¿Tú sabes qué nos puede pasar? La condena es de años en prisión. Además lo suyo es que encontráramos a una mujer de verdad y le hiciéramos la propuesta.

GAY 1.- Podríamos intentarlo. ¿No te gustaría recuperar aquellas primeras sensaciones?

GAY 2.- *(Dudoso.)* La verdad es que sí, pero tengo miedo.

GAY 1.- *(Decidido.)* Hagámoslo. Solo se vive una vez.

GAY 2.- ¿Y dónde vamos a por una mujer? Si todas son lesbianas.

GAY 1.- Habrá que buscar.

GAY 2.- Creo que lo tenemos muy difícil. Aquellas mujeres de antaño que les gustaba más un pene que una morcilla de Burgos no existen.

GAY 1.- ¿Tú crees?

GAY 2.- Siempre habrá alguna rebelde.

GAY 1.- Soy pesimista.

GAY 2.- Pues entonces tendremos que seguir haciendo de gays hasta que no tengamos una oportunidad.

GAY 1.- ¿Quieres hacer de mujer hoy?

GAY 2.- Perdona, guapa, yo de mujer no hago. Yo quiero hacer de macho.

GAY 1.- Lo de guapa por qué lo dices.

GAY 2.- Te veo yo a ti más de mujer.

GAY 1.- Oye, guapa, a mí no me insultes que yo soy un gay muy aguerrido.

GAY 2.- La verdad que duele.

GAY 1.- ¿A que sí?

GAY 2.- Claro.

GAY 1.- Podemos llegar a un pacto. Tú haces un rato de mujer y yo otro.

GAY 2.- Me pido primero hacer de tío.

GAY 1.- Eso no vale. Echémoslo a suertes.

GAY 2.- Estoy pensando en lo que nos puede pasar si nos pillan.

GAY 1.- Nos quemarán públicamente como hacían con los maricones en el siglo XVI, solo que ahora lo hacen con los héteros.

GAY 2.- Yo no quiero ser quemado en la hoguera.

GAY 1.- Ni yo.

GAY 2.- ¡Qué enrarecido todo! Antes te quemaban por ser maricón. Ahora por no serlo. Nunca por ser lesbiana. Es curioso. Decían que como no había tráfico de fluidos entre ellas no las quemaban.

GAY 1.- Siempre ha habido clases.

GAY 2.- Y ahora, fíjate, volvemos a las andadas. Yo no quiero que me quemen.

GAY 1.- Pues entonces vamos a seguir dándonos por culo.

GAY 2.- Tampoco está mal, ¿no?

GAY 1.- No está mal ni bien. Lo peor es haber perdido la libertad.

GAY 2.- Y qué hacemos si el que manda es un maricón.

GAY 1.- No. Si fuera un maricón, todavía. Es un mariconazo.

GAY 2.- Un dictador mariconazo.

GAY 1.- ¿Y cómo podemos cambiar el mundo?

GAY 2.- El mundo no cambia nunca. El único que cambia es aquel que ordena y manda, pero siempre hay alguien que quiere robarle la libertad a los demás.

GAY 1.- ¡Qué tiempos aquellos en que uno podía hacer de su capa un sayo, ser hétero, gay, lesbiana o una oveja?

GAY 2.- ¿Una oveja?

GAY 1.- Sí. ¿Tú nunca has querido ser una oveja?

GAY 2.- Una oveja no. Yo una vez quise ser una mariquita.

GAY 1.- Normal.

GAY 2.- Normal no. Me dio por ahí. Es que me gustaban mucho las mariquitas cuando era pequeño. Mi abuelo jugaba conmigo y me decía: mira, mira, ahí va una mariquita. Cógela. Eran tan agradables las mariquitas con sus puntitos negros.

GAY 1.- Hombre, donde se ponga una oveja que se quite una mariquita.

GAY 2.- Lo dirás tú.

GAY 1.- Claro que lo digo yo. Fíjate, una oveja es peluda y tiene unos ojos grandes y tiernos. A mí me gustaba mucho mirar a los ojos de las ovejas. Eran tan dulces.

GAY 2.- Y decían meeee.

GAY 1.- Claro, qué cojones iban a decir si no.

GAY 2.- Yo creo que nos estamos desviando del tema y no hemos resuelto nada. Si nosotros queremos ser libres tenemos que inmolarnos.

GAY 1.- ¿Inmolarnos?

GAY 2.- Sí.

GAY 1.- Pues vaya forma más tonta de conseguir la libertad.

GAY 2.- Siempre tiene que haber alguien que se inmole para que otros puedan ser libres.

GAY 1.- ¿Tú crees?

GAY 2.- Lo creo.

GAY 1.- Si tú lo dices.

GAY 2.- Por ejemplo, ahí está Jesús.

GAY 1.- ¿Qué pasó con Jesús?

GAY 2.- Que se inmoló.

GAY 1.- No exactamente. Lo crucificaron. Para ser más exactos.

GAY 2.- Pero él quiso.

GAY 1.- (…)

GAY 2.- Para salvar a la humanidad.

GAY 1.- (…)

GAY 2.- Y aquí estamos nosotros.

GAY 1.- ¿Cómo?

GAY 2.- Salvados.

GAY 1.- Si tú lo dices.

GAY 2.- Si queremos que la humanidad sea libre nos tenemos que inmolar. Si no todo el mundo será gay o lesbiana. Y nada más.

GAY 1.- Yo no tengo claro lo que me estás contando.

GAY 2.- A veces sueño con tetas calentitas y con pezones.

GAY 1.- Y yo.

GAY 2.- ¿Cómo recuerdo qué a gusto estaba cuando mamaba de la teta de mi mami?

GAY 1.- ¿Verdad que sí?

GAY 2.- Y cuando fornicaba con Manolita.

GAY 1.- No llegué a conocerla.

GAY 2.- Manolita era una jauría en la cama.

GAY 1.- Cuenta, cuenta.

GAY 2.- La tocaba un poquitín y era multiorgásmica.

GAY 1.- ¡Qué maravilla de chica!

GAY 2.- *(Ha detectado a alguien que los mira.)* Parece que alguien nos vigila.

GAY 1.- ¿Tú crees?

GAY 2.- *(Le señala a alguien.)* Creo que aquel está mirando demasiado.

GAY 1.- Será alguno que quiere ligar.

GAY 2.- Yo creo que está grabando algo.

GAY 1.- Estoy asustado.

GAY 2.- ¿Qué podemos hacer?

GAY 1.- ¿Lo matamos?

GAY 2.- Entonces nuestra condena será más terrible todavía. Dirán: dos héteros invertidos matan a un pobre gay.

GAY 1.- Y nos quemarán.

GAY 2.- Por supuesto.

GAY 1.- Pero si se chiva también nos quemarán. No tenemos escapatoria.

GAY 2.- Podemos tratar de seducirlo.

GAY 1.- No creo que se deje. Los vigilantes de la moral están entrenados para todo. No se dejan convencer por un nabo cualquiera.

GAY 2.- ¿Probamos?

GAY 1.- No perdemos nada.

GAY 2.- Creo que lo perderemos todo.

GAY 1.- De perdidos al río.

GAY 2.- Ve tú.

(El GAY 1 *se dirige hacia el hombre que observa:)*

GAY 1.- Buenas tardes, señor gay.

GAY 3.- Hola, qué tal.

GAY 1.- Mi amigo y yo pensamos que nos está observando mucho. ¿Por un casual quiere ligar con nosotros?

GAY 3.- En absoluto.

GAY 1.- ¿Y entonces por qué nos observa tanto?

GAY 3.- Efectivamente os he estado grabando pero no es para lo que pensáis sino para todo lo contrario. Formo parte de una organización de héteros que estamos organizando la revolución. Volver a aquella etapa gloriosa en la que cada uno o cada una podía ser lo que quisiera. ¿Me guardáis un secreto?

GAY 1.- ¿Qué?

GAY 3.- Yo soy una mujer.

GAY 1.- Nadie lo diría. Pareces muy machuna.

(El GAY 1 *pone una cara de enorme felicidad y enseguida quiere hacer partícipe del descubrimiento al* GAY 2 *y comienza a hacerle aspavientos para que se acerque.)*

GAY 2.- ¿Qué pasa?

GAY 1.- Este gay *(señalando al* GAY 3.*)* no es gay. Es una mujer de tomo y lomo.

GAY 2.- ¿Y por qué tenemos que fiarnos de ella?

GAY 3.- Porque es así. ¿Queréis que os enseñe mi vagina?

GAY 1.- No hace falta, mujer. Nos fiamos.

GAY 2.- *(Se queda dubitativo.)* ¿Yo…?

*(*GAY 3 *coge de la mano a* GAY 2 *y se lo lleva detrás de unos matorrales. Durante un tiempo hay un silencio, pero, poco a poco, llegan, desde los matorrales, constantes ruidos de placer que ponen en alerta a* GAY 1.*)*

GAY 1.- *(Grita.)* Eh, eh, la policía.

*(*GAY 2 *y* GAY 3 *regresan desconcertados.)*

GAY 3.- ¿Qué pasa?

GAY 1.- *(Receloso.)* No pasa nada. Pero yo no quiero ser el tonto útil. Yo también quiero follar con una mujer.

GAY 2.- ¡Qué envidioso eres! ¿No puedes dejarnos disfrutar un rato? *(Muy contento.)* No me sentía tan contento desde que estuve con Manolita.

GAY 1.- Ahora me toca a mí.

GAY 3.- Un momento. ¿Y yo qué, yo no digo nada? ¡Vaya modales!

GAY 1.- Perdona. Es que estamos desesperados.

(GAY 3 *y* GAY 1 *se van detrás de los matorrales mientras* GAY 2 *vigila. Pasa un rato y comienza a ponerse nervioso. Cuando se dirige hacia los matorrales para ver por qué tarda tanto se da cuenta de que ya no están allí. Que han desaparecido. Que aquellos son la lanza que va a iniciar la revolución. Pero su ataque de celos es tan desaforado que inmediatamente se acerca a un policía que acaba de ver. Le hace aspavientos y el* POLICÍA *llega gentil:*)

POLICÍA.- Ciudadano gay, ¿qué desea?

GAY 2.- ¿Anhela ascender en su puesto de trabajo y llegar a ser un policía famoso?

POLICÍA.- ¿Qué propuesta es esa? ¿A quién molesta un dulce?

GAY 2.- ¿A los diabéticos?

POLICÍA.- ¿Me está chuleando?

GAY 2.- Es broma. Pero lo que le voy a decir ahora lo va a hacer famoso.

POLICÍA.- Dígame usted.

GAY 2.- Se está preparando una revolución. Por ahí se encuentra ya una pareja de heterosexuales follando en los parques a escondidas sin ton ni son. Seguro que hay más. Esto de llevar la contraria a las autoridades siempre se ha llevado mucho. Como esta revolución se ponga en marcha será el final de nuestra civilización.

POLICÍA.- ¿Y a usted quien le ha dicho eso?

GAY 2.- Lo acabo de ver con mis propios ojos. Mi amigo Pepe se ha ido con una gachí. Bueno, en realidad, era muy machuna, pero tenía dos tetas apretadas y una buena vulva.

POLICÍA.- (*Se acerca a* GAY 2 *y le echa muy amigablemente el brazo por encima.*) Mira, hombre, no seas mariconazo. No te chives porque un compañero tuyo haya levantado a una chica.

No seas cabroncete. La revolución está en marcha. Yo estoy con ellos. ¿Lo sabes? Y como se te ocurra decir nada, te corto los huevos. ¿Entendido?

GAY 2.- *(No dando crédito.)* Entendido. ¿Entonces?

POLICÍA.- ¿Entonces qué?

GAY 2.- Que esto de la revolución ya está en marcha.

POLICÍA.- Claro, hombre. Siempre hay alguien que se nos adelanta. Estamos muchos en esta tarea pero hay que llevarla con discreción hasta que seamos tantos que la revolución ya no tenga vuelta atrás.

GAY 2.- Hombre, visto así, yo también me apunto. *(Para congraciarse.)* De hecho hace un rato estaba hablando con mi colega Pepe de volver a ser héteros y la necesidad de una revolución.

POLICÍA.- Magnífico. Mira, y para que veas que vamos en el buen camino, te voy a hacer una propuesta.

GAY 2.- ¿Qué?

POLICÍA.- En la otra época. ¿A quién quisiste tú más?

GAY 2.- Hombre, a Manolita. Manolita era hermosa, gorda, con unas carmes… multiorgásmica. Cuando me la echaba por delante estaba horas y horas refocilándome con ella que aquello te quitaba el sentido. Ni comíamos. Nos pasábamos horas y horas…

POLICÍA.- *(Ve que GAY 2 comienza a tener una erección.)*… Un momento, alto, alto. Que te veo venir. ¿No te irás a empalmar?

GAY 2.- Hombre, es que me hace volver a unos recuerdos.

POLICÍA.- Te voy a traer a Manolita. ¿Cuáles eran sus apellidos?

GAY 2.- Manolita…, bueno… *(Recordando.)*, Manuela García García.

POLICÍA.- ¿No tenía mucha variedad de apellidos?

GAY 2.- No.

(El POLICÍA *coge su móvil y se pone en contacto con la Jefatura de Policía.)*

POLICÍA.- En unos minutos estará aquí Manolita. No vive lejos de aquí. Mis compañeros la traerán.

GAY 2.- *(Contentísimo.)* ¡No me diga, señor agente! Le había perdido la pista. ¡Qué alegría me da! No veía a Manolita desde nuestra tierna juventud. Se lo agradezco.

POLICÍA.- Deme un cigarro, que lo vamos a celebrar fumando.

GAY 2.- Pero si está prohibido.

POLICÍA.- Hoy vamos a tirar la casa por la ventana.

(Y mientras encienden un cigarrillo esperando a Manolita VA CAYENDO EL TELÓN.*)*

EL PROFESOR CANÍBAL

PERSONAJES

PROFESOR
PROFESOR-RAMBO
ALUMNA
ALUMNO/A
ALUMNA/O
EL PÚBLICO
ALUMNAS
ALUMNOS

ACTO ÚNICO

(El PROFESOR *hace una entrada "triunfal" en el patio de buta-*
cas. Es recibido con grandes pitos, alboroto, alharacas y alaridos por
EL PÚBLICO. *El* PROFESOR, *ajeno, gesticula, hace mohínes,*
inclina la cerviz en señal de agradecimiento, genuflexiona, abre los
brazos y los aprieta contra sí como si, con este gesto, abrazara a la
humanidad entera... Los aplausos y los vítores se mezclan en una
gran algarabía. Parece una gran estrella de Hollywood rodeada de
fans pero, en realidad, EL PÚBLICO *no cesa de lanzarle pullas*
e insultos: "Cabezón, cabeza hueca, chorlito, prepotente, capullo,
marica..." Hace caso omiso y prosigue con sus reverencias y alegría
vital por el pasillo del patio de butacas en dirección al escenario.
Frisa los sesenta años y viste una camiseta deportiva con chupa y unos
pantalones vaqueros de cintura baja que le impiden avanzar pues se
le caen a cada instante y muestra sus calzoncillos de color rosa. Porta
en la mano una tableta de madera de aproximadamente medio me-
tro. Se adorna con un aro, a modo de pendiente, en la oreja derecha,
pero no es ajeno al paso del tiempo y su oído es víctima manifiesta
de un audífono. Le sigue una ALUMNA *con la ropa muy ceñida y*
un escote profundo portando diez libros que lleva uno sobre otro en
vertical con grandes padecimientos. Sube al escenario y se ilumina al

fondo una pizarra digital. La ALUMNA *deja los libros en el suelo y el* PROFESOR *hace ademán de dirigirse a* EL PÚBLICO. *De pronto se produce un silencio sepulcral.)*

EL PÚBLICO.- *(A la alumna.)* ¡Tía buena, maciza!
PROFESOR.- *(Ajeno.)* ¡Sé que me adoráis!

(Comienza un gran estrépito, mucho más ruidoso que el anterior y llegan gritos desde el patio de butacas:)

ALUMNO.- ¡Vete a la mierda, capullo!
PROFESOR.- *(Sin escuchar.)* Gracias, gracias.

(Al hacer una reverencia, se le cae de nuevo el pantalón y muestra sus calzoncillos rosas.)

ALUMNO.- *(Sigue gritando.)* ¡Pringao, marica, gilipollas, capullo, calla ya!

(La ALUMNA *que lo acompaña en el escenario le señala el audífono.)*

PROFESOR.- *(Escucha.)* ¡Ah, disculpad, ahora sí! ¡Ahora me doy cuenta de la magnitud de mi llegada! Mis oídos se han debilitado con el tiempo.
ALUMNO.- ¡Vete a la mierda, sorderas!
PROFESOR.- *(Ajeno a los insultos.)* Sé que en el fondo me adoráis y que una golondrina no hace primavera. Te perdono, chico, y os adoro. ¿Qué sería de mí sin vosotros? Vosotros sois mi vida, mi única razón para existir, gracias, queridos discípulos, gracias.

ALUMNO.- *(Se levanta en el patio de butacas alzando la voz.)* No te enteras tío, queremos que te calles de una puta vez y te vayas a hacer puñetas.

PROFESOR.- *(Como cegato, en dirección al ALUMNO.)* Ya te veo, Leopoldo, ¡qué chiquillo este Leopoldín! Siempre con las puñetas en la boca. ¡Cómo te quiero Leopoldito, con lo cabroncete que eres!

ALUMNO.- *(Prosigue.)* ¡Pederasta!

PROFESOR.- *(No escucha.)* ¡Si supieras al menos lo que son las puñetas, me darías una gran alegría!

ALUMNO.- *(Insiste.)* ¡Maricón!

PROFESOR.- *(Sin escuchar, señala la regla que lo acompaña.)* ¿Sabéis qué tengo en la mano? *(Grita* EL PÚBLICO *desafiante y precipitado:)*

EL PÚBLICO.- Un palo, un palo, un palo.

PROFESOR.- Frío, frío como el agua del río.

EL PÚBLICO.- *(Grita.)* Una madera, una madera, una madera.

PROFESOR.- Fría, fría como una aguadera.

ALUMNA.- La autoridad.

(EL PÚBLICO queda en absoluto mutismo.)

PROFESOR.- ¿Cómo dices, hija?

ALUMNA.- Digo la autoridad, señor profesor, esa madera representa la autoridad.

PROFESOR.- La autoridad, la autoridad dice esta chica, la autoridad. Una mujer dice la autoridad. En verdad en verdad os digo que los hombres habéis perdido vuestro puesto en la historia. El mundo es de ellas. Efectivamente, la autoridad.

ALUMNAS.- ¡Bien por el profesor, bien. Te queremos!

ALUMNOS.- ¡Don Emilio, capullo, queremos un hijo tuyo!

PROFESOR.- ¡Ah, los hombres, los hombres siempre como niños, haciendo burlas fáciles y diciendo tonterías explícitas!

ALUMNO.- Un marica como usted es normal que apoye a las niñas.

PROFESOR.- *(Entra al trapo.)* ¿Crees que me insultas llamándome marica? Pues, olvídate. Me insultas diciendo que soy injusto. La injusticia es el verdadero insulto.

ALUMNO.- No nos puede insultar y quedar indemne.

PROFESOR.- Me das una alegría; tú eres Julito, ¿verdad?

ALUMNO.- Me llamo Julio.

PROFESOR.- ¡Ah, Julio! Es verdad, has crecido. Julio, exacto. Julio. Como Julio César, aquel autor de *Vini, vidi, vici.*

ALUMNO.- Háblame en cristiano.

PROFESOR.- Digo que me alegro de que sepas emplear la palabra indemne. Me puedo sentir satisfecho y sé que mis esfuerzos no han sido vanos y mis enseñanzas no han caído en saco roto.

ALUMNO.- *(Se sienta fastidiado y musitando a su compañero de asiento.)* Este tío es un plasta.

PROFESOR.- *(Mirando la tableta.)* ¿Y ustedes qué me decís?

ALUMNO.- Que usted es el tío la vara.

PROFESOR.- ¿El tío la vara?

ALUMNO.- Eso he dicho, el tío la vara.

PROFESOR.- ¿Y quién es esta inteligencia artificial si se puede saber? ¿Es usted una inteligencia nueva?

ALUMNO.- Soy colega de Leo.

PROFESOR.- Me alegra mucho conocerlo, joven. Me encanta que mis alumnos traigan a sus colegas a clase.

ALUMNO.- Pero esto no es una clase, esto es teatro.

PROFESOR.- ¡Qué más da! También una clase es teatro. ¿O no?

ALUMNO.- *(Seguro de sí.)* No, el teatro es el teatro y la clase es la clase. ¿A mí me vas a decir qué es una clase?

PROFESOR.- ¡Qué troglodita es usted, querido!

ALUMNO.- ¿Me has insultado?

PROFESOR.- Lo he definido.

ALUMNO.- Es que si me has insultado, voy para allá y te pincho.

PROFESOR.- ¡Ah, la violencia, el gran mal de nuestro siglo!

(La ALUMNA que lo acompaña en el escenario se acerca más al PROFESOR y le toca por la espalada mientras se oye a El PÚBLICO gritar:.)

EL PÚBLICO.- ¡Tía buena, tía buena, maciza!

PROFESOR.- ¿Qué quieres, querida? *(La ALUMNA le susurra algo al oído.)* Ah, sí, gracias. Me recuerda mi dilecta alumna que no debo enrollarme, que tengo mucha facilidad para hacerlo. La palabra, ¡ah, la palabra, qué traicionera! Las palabras nos envuelven y nos devoran. Las palabras son nuestros mejores hijos. ¡Las palabras, ah, las palabras! *(De nuevo, la ALUMNA se acerca y le llama la atención.)* Sí, perdonen, queridos alumnos y alumnas. La edad, muchos años en este oficio, la desmemoria. *(Coge la madera que tiene en sus manos y la mira. Le brillan los ojos. La levanta y da un gran grito.)* La autoridad, la autoridad…

EL PÚBLICO.- *(Gritan como en una bacanal.)* Sí, sí, sí… la autoridad, la autoridad.

PROFESOR.- La autoridad, ¡qué chica más inteligente entre el público! Así es, la autoridad. Esta madera es la *Auctoritas.* ¿Y sabéis qué es la autoridad?

EL PÚBLICO.- *(Gritan como si cantaran la canción de Sabina.)* Mucha, mucha, policía, mucha, mucha, policía. La policía, maestro.

PROFESOR.- *(Grita, gesticula, representa su papel como un gran mimo.)* No, no y no. La autoridad es la legitimación socialmente reconocida… *(Eleva su lenguaje engolado.)* que procede de un saber y que se otorga a una serie de ciudadanos *(Sonríe. Se calla. Hay un momento de silencio como si fuera a decir algo:)* A mí, por ejemplo.

(EL PÚBLICO crea un murmullo y se oye desde el final que un ALUMNO grita:)

ALUMNO.- ¡Fuera!

PROFESOR.- *(Ajeno, sigue su discurso.)* La autoridad. Yo, hoy, no tengo autoridad. Soy un babieca.

EL PÚBLICO.- *(Gritan.)* Babieca, Babieca, Babieca…

PROFESOR.- ¿Y sabéis por qué soy un Babieca?

ALUMNA.- Porque no tiene autoridad.

PROFESOR.- Exacto, porque no tengo autoridad. Vosotros me habéis quitado la autoridad.

ALUMNO.- Babieca, Babieca, Babieca.

PROFESOR.- *(Gritando.)* ¿Qué diríais si yo de pronto, para dotarme de la autoridad que no tengo, sustituyo esta madera obsoleta (la autoridad de otro tiempo) por una ametralladora?

(Se hace un gran silencio en la sala. Y prosigue el PROFESOR:)

Todo es cuestión de medida. Si yo ahora sustituyera esta madera por una ametralladora la sala comenzaría a oler a podrido y los valientes que se escudan en la oscuridad insultándome se cagarían por las patas abajo.

ALUMNO.- ¡Asesino de niños, pederasta!
EL PÚBLICO.- *(Gritando.)* ¡Asesino, pederasta!

(Los gritos van en ascenso y comienza un ruido ensordecedor hasta que, de pronto, las luces se apagan. Cuando se enciendan de nuevo el PROFESOR ya es PROFESOR-RAMBO y lleva una ametralladora en la mano. El silencio se apodera de la sala. El PROFESOR-RAMBO mira desafiante a EL PÚBLICO. Nadie osa levantar la voz. El PROFESOR se pasea por el escenario agresivo y contempla la sonrisa de la ALUMNA que lo acompaña. Con aire marcial va de un lugar a otro con su ametralladora. Nadie osa hablar. EL PÚBLICO está asustado. EL PÚBLICO está acojonado. De pronto, alguien, uno de los valientes —entre la masa siempre hay un valiente— grita al PROFESOR-RAMBO:)

ALUMNO.- *(Con voz tenue.)* ¡Marica!

(Se oye un leve cuchichear de EL PÚBLICO ante la atemorizada intervención del ALUMNO.)

PROFESOR-RAMBO.- ¿Quién ha sido el valiente?
ALUMNO.- *(Se levanta vaporosamente y alza con suavidad la mano derecha.)* Yo.

(El PROFESOR-RAMBO le da una ráfaga de ametralladora y lo mata. El silencio se puede cortar con un cuchillo, pero tras unos segundos EL PÚBLICO ha cambiado de parecer y ahora comienza a alabar al PROFESOR-RAMBO y a nombrarlo y alabarlo:)

EL PÚBLICO.- ¡Profesor, profesor, profesor, profesor!

PROFESOR-RAMBO.- Gracias, queridos alumnos, gracias. Sé que sois mis mejores defensores. Lo sé, lo siento, lo percibo y no puedo sino mostrar un escalofrío que, como ahora, invade mi cuerpo. *(Prosiguen las alabanzas de* EL PÚBLICO.*)* Al final sé que la razón se impone. Vosotros sois razonables y sentís el poder de mi palabra y mi seducción. ¿Y qué se ha necesitado para esto? Solo un muerto, queridos todos. Solo un muerto. Hemos devuelto la autoridad a nuestras aulas con un muerto.

ALUMNO.- *(Por la víctima tiroteada.)* ¡Cómetelo!

EL PÚBLICO.- *(Gritando en un estado de bacanal.)* ¡Cómetelo, cómetelo, cómetelo!

PROFESOR-RAMBO.- Tranquilos, tranquilos. Me lo comeré, me lo comeré.

(Los gritos de la multitud rompen la sala. EL PÚBLICO *ha caído en un estado de trance y excitación. El* PROFESOR-RAMBO *pide a la* ALUMNA *que vaya a por el* ALUMNO *tiroteado. Cumple la orden. Algunos le ayudan con el cuerpo. Las luces comienzan a girar en torno, un alambicado juego de luces y sombras en danza perpetua se apoderan del escenario y la música de AC&DC suena con fuerza. El* PROFESOR-RAMBO *abre el cerebro del alumno y devora su masa encefálica. Los gritos del público son ensordecedores y el ruido de la música que va en aumento. También la* ALUMNA *participa en la bacanal y entra en trance. Poco a poco todo se va calmando y las luces se apagan. El* PROFESOR *adopta la misma compostura y disposición que anteriormente a la transformación en Rambo. Se ilumina la escena y de nuevo está con su pantalón caído y colocándose el auricular. Se produce un silencio. El* PROFESOR *señala los numerosos libros que se apilan al lado. Coge uno.)*

PROFESOR.- *(Señala el libro.)* Y aquí está la ciencia.

ALUMNA.- *(Que lo acompaña en escena.)* ¡La ciencia!

PROFESOR.- Los libros os harán libres.

ALUMNA.- Los libros nos harán libres.

PROFESOR.- Los libros os abrirán al mundo.

ALUMNA.- Los libros nos abrirán al mundo.

PROFESOR.- Los libros os darán la aventura.

ALUMNA.- Los libros nos darán la aventura.

PROFESOR.- Los libros os darán la felicidad.

ALUMNA.- Los libros nos darán la felicidad.

EL PÚBLICO.- ¡Bien por los libros!

PROFESOR.- ¡Qué contento estoy! Me habéis hecho el hombre más feliz del mundo.

ALUMNA.- El profesor está feliz. Lo hemos conseguido. No hay cosa más hermosa que ver a un profesor feliz.

PROFESOR.- Efectivamente. Lo único comparable es ver a un alumno feliz.

ALUMNA.- Nosotros estamos felices, querido profesor.

PROFESOR.- *(Se acerca a la* ALUMNA.*)* Gracias, querida alumna *(Le acaricia el cabello.)* Sé que me queréis. ¿Qué digo? Sé que me adoráis.

ALUMNA.- Sí le queremos, señor profesor. Sí le adoramos.

PROFESOR.- *(Señala el libro.)* Vosotros necesitáis de ellos. Vosotros sois ellos.

ALUMNA.- Queremos saber, señor profesor, queremos conquistar el mundo con la cultura, con la sabiduría, con la sensibilidad.

PROFESOR.- Eso quiero para vosotros. Y que no digan que han llegado de nuevo los bárbaros como en aquel poema de Eliot.

ALUMNA.- No era de Eliot, señor profesor, era de Constantino Kavafis.

PROFESOR.- Gracias, querida alumna, gracias. Así es. Mi desmemoria…

ALUMNA.- Decía algo así como:

—¿Qué esperamos congregados en el foro?
—Es a los bárbaros que hoy llegan.
—¿Por qué esta inacción en el Senado? ¿Por qué están ahí sentados sin legislar los senadores?
—Porque hoy llegarán los bárbaros.
—¿Qué leyes van a hacer los senadores?
—Ya legislarán, cuando lleguen, los bárbaros.
—¿Por qué nuestro emperador madrugó tanto
y en su trono, a la puerta mayor de la ciudad,
está sentado, solemne y ciñendo su corona?

PROFESOR.- ¡Qué belleza, querida alumna!

ALUMNA.- Usted, don Emilio, me la enseñó en mi infancia más tierna.

PROFESOR.- ¡Qué ricura! *(Coge otro libro del montoncito del suelo.)* Aquí tienen a Homero. ¡Ah, Homero, el padre de todos!

ALUMNA.- *(Con entonación engolada.)* "Canta, oh diosa, la cólera del Pelida Aquiles; cólera funesta que causó infinitos males a los aqueos y precipitó al Hades muchas almas valerosas de héroes, a quienes hizo presa de perros y pasto de aves. Cumplíase la voluntad de Zeus desde que se separaron disputando el Atrida, rey de hombres, y el divino Aquiles…"

PROFESOR. *(Emocionado. Casi llorando.)* Oh, la emoción me embarga! Estas bellas palabras del gran Homero me producen escalofrío.

EL PÚBLICO.- ¡Homero, Homero, Homero!

PROFESOR.- Estas palabras, queridos alumnos, os pueden

salvar del mundo, del capitalismo, de las plagas de la humanidad que son la ignorancia y la pobreza. Estas palabras os ayudarán a ser solidarios, a ser humildes, a ser más humanos.

ALUMNA.- ¡Viva el profesor!

EL PÚBLICO.- ¡Viva!

(Pero, de pronto, en la sala se levanta un ALUMNO.)

ALUMNO.- No estoy de acuerdo.

PROFESOR.- *(Descolocado.)* Que no estás de acuerdo con qué.

ALUMNO.- Con lo que dices.

PROFESOR.- *(Paternalista.)* ¿Por qué, hijo mío?

ALUMNO.- Primero: yo no soy su hijo. Segundo: a mí no me interesan los libros. Yo lo que quiero es trabajar.

PROFESOR.- ¿Y por qué no te vas a trabajar?

ALUMNO.- Me obligan a estudiar.

PROFESOR.- Nadie te obliga a estudiar. Esto era antes, en la época de Rambo.

ALUMNO.- Nada ha cambiado. Ustedes nos mantienen en los centros a la fuerza enseñándonos cosas que no nos interesan. Adiestrándonos para ser buenos ciudadanos, para que no creamos problemas y seamos cumplidores con Hacienda.

PROFESOR.- Pero Hacienda somos todos.

ALUMNO.- Ustedes lo que quieren es ciudadanos amaestrados y con los libros lo único que hacen es amaestrarnos.

PROFESOR.- ¡Qué equivocado estás, joven! Con los libros se han creado las grandes revoluciones y gracias a la cultura la sociedad ha avanzado.

ALUMNO.- Gracias a la cultura no, gracias a los hombres activos, a los revolucionarios y a las personas que murieron.

PROFESOR.- Pero esas personas murieron por unos ideales.

ALUMNO.- Sí.

PROFESOR.- Y esos ideales estaban antes en los libros.

(El ALUMNO *se calla. No sabe responder. Al final lo hace.)*

ALUMNO.- Pero, por encima de los libros está la libertad. Hoy, los jóvenes no somos libres, seguimos siendo menos libres que nunca. Nos obligan a leer, nos obligan a estudiar cosas que no nos interesan.

PROFESOR.- Pero, hombre, esto no es verdad. Solo se protege a la infancia y se permite que…

ALUMNO.- *(Se marcha.)* … Su discurso es el de todos. Yo amo más la libertad y por ella me sacrifico.

PROFESOR.- No te vayas. Tenemos que hablar. Tú eres inteligente. Tú eres recuperable.

ALUMNO.- En septiembre, profesor, en septiembre.

(Mientras el ALUMNO *hace mutis por el fondo de la sala va cayendo*
el TELÓN.*)*

EL TROPEZÓN

A Antonio Moreno Ayora

PERSONAJES

EL TROPEZADOR
EL MUERTO

ACTO ÚNICO

(El TROPEZADOR *va paseando plácidamente entre las tumbas y, como en él es habitual, tropieza con tan mala fortuna que su cuerpo cae en una tumba reciente que los albañiles habían acabado de tapar con unos ladrillos. Se oye un grito aterrador y de pronto el silencio y la oscuridad. Cuando despierta ve que alguien lo acompaña.)*

EL MUERTO.- ¡Menudo golpe amigo! Eso es un golpe y no el mío.

EL TROPEZADOR.- ¿Dónde estoy?

EL MUERTO.- Usted mismo.

EL TROPEZDOR.- *(Atolondrado.)* No se haga el gracioso. ¿Por qué está esto tan oscuro?

EL MUERTO.- ¿Será porque todo está oscuro cuando uno muere?

EL TROPEZADOR.- ¿Qué tonterías dice?

EL MUERTO.- Pues ya me dirá.

EL TROPEZADOR.- *(Que hasta ahora no se había dado cuenta de que estaba hablando con un muerto.)* ¿Y usted qué hace con ese disfraz?

EL MUERTO.- ¡Menudo disfraz!

EL TROPEZADOR.- Los carnavales ya pasaron hace tiempo.

EL MUERTO.- *(Harto.)* Mire usted, caballerete, resulta que yo estoy muerto.

EL TROPEZADOR.- ¿Y qué hago yo hablando con un muerto?

EL MUERTO.- Eso usted sabrá.

EL TROPEZADOR.- ¿Y usted por qué habla conmigo?

EL MUERTO.- Porque estoy aburrido.

EL TROPEZADOR.- Me parece que es usted un poco graciosillo. ¿No será de Cádiz por un casual?

EL MUERTO.- Yo soy de Barcelona.

EL TROPEZADOR.- ¡Vaya, pensaba yo que los catalanes eran más insulsos!

EL MUERTO.- Pues ya ve que no, los catalanes tenemos mucho sentido del humor. Fíjese si tenemos sentido del humor que me he muerto para fastidiarlo a usted.

EL TROPEZADOR.- Eso es una ironía. Usted debe practicar el humor negro, como si lo estuviera viendo.

EL MUERTO.- ¡Qué original, no me había percatado de ello! Ahora que lo dice.

EL TROPEZADOR.- ¿Lo ve? Déjese de guateques y encienda la luz.

EL MUERTO.- *(Ríe.)* ¿La luz? Ya pronto la verá… la del infierno.

EL TROPEZADOR.- Se está poniendo un poco cargante con tanta bromita.

EL MUERTO.- Usted mismo.

EL TROPEZADOR.- ¿Me puede decir qué hago yo aquí hablando con alguien que lleva un disfraz de muerto y diciendo pamplinadas?

EL MUERTO.- No tengo ni idea. Usted verá. A mí me han metido aquí hoy.

EL TROPEZADOR.- ¿Cómo que le han metido? ¿Quién le ha metido? ¿Adónde le han metido?

EL MUERTO.- *(Cansado.)* ¡Joder qué tío más plasta!

EL TROPEZADOR.- ¡Oiga, sin insultar, que yo a usted no lo he insultado!

EL MUERTO.- A mí plin. Los insultos me resbalan ya.

EL TROPEZADOR.- Mire, se lo pregunto por favor. ¿Dónde estoy metido?

EL MUERTO.- Haga memoria.

EL TROPEZADOR.- ¿Cómo que haga memoria?

EL MUERTO.- Claro, alma de cántaro. ¿Antes de llegar a este lugar dónde estaba usted?

EL TROPEZADOR.- *(Trata de recordar.)* Yo estaba paseando. Hacía un día plácido de verano. Un sol magnífico. Había árboles…

EL MUERTO.- Seguro que también había tumbas.

EL TROPEZADOR.- ¿Tumbas?

EL MUERTO.- Sí.

EL TROPEZADOR.- … Sí, claro, ahora que lo dice… creo que había tumbas.

EL MUERTO.- *(Expectante esperando la respuesta.)* ¿Entonces…?

EL TROPEZADOR.- *(Dándose cuenta de la situación.)* ¡No joda!

EL MUERTO.- ¿Lo ve ahora?

EL TROPEZADOR.- *(Gritando aterrado.)* ¡Que estoy muerto, tío, que estoy muerto!

EL MUERTO.- *(Aplaude.)* ¡Bravo! Por fin, pensaba que no lo iba a decir nunca.

EL TROPEZADOR.- *(Repite.)* Estoy muerto.

EL MUERTO.- Claro.

EL TROPEZADOR.- *(Como un disco rayado.)* Estoy muerto.

EL MUERTO.- Que sí, efectivamente.

EL TROPEZADOR.- *(Se acerca a* EL MUERTO *y lo zarandea como trastornado.)* Estoy muerto.

EL MUERTO.- *(Se retira de él.)* Tío, deje de zarandearme que no me va a dejar vivo ni un hueso.

EL TROPEZADOR.- *(Se echa a llorar.)* No puede ser.

EL MUERTO.- Lo es.

EL TROPEZADOR.- ¿Y mi mujer, y mis hijos?

EL MUERTO.- ¡Abur!

EL TROPEZADOR.- ¡Qué va a ser de ellos!

EL MUERTO.- Pues que se han quedado sin marido y sin padre.

EL TROPEZADOR.- ¿Quién los va a cuidar?

EL MUERTO.- ¡Qué protector es usted!

EL TROPEZADOR.- Yo es que los quería mucho.

EL MUERTO.- Es natural.

EL TROPEZADOR.- *(Pensando.)* Y ahora mi mujer se casará con otro. Como si la estuviera viendo.

EL MUERTO.- ¿Qué quiere, que le guarde fidelidad a un muerto?

EL TROPEZADOR.- Con lo celoso que soy.

EL MUERTO.- Tiene usted unas cosas.

EL TROPEZADOR.- ¿Y ahora qué hago?

EL MUERTO.- Aguantarse.

EL TROPEZADOR.- *(Se echa a llorar otra vez. Se pone trascendente.)* ¡Qué vida esta! Ya me dijo mi madre en una ocasión que cualquier día iba a tener un mal tropiezo. Y ya ve. Mi madre me conocía muy bien.

EL MUERTO.- Ya se sabe que lo que no sepa una madre.

EL TROPEZADOR.- Me dijo antes de morir que cualquier día mis tropiezos me iban a conducir a la tumba.

EL MUERTO.- ¿Era adivina?

EL TROPEZADOR.- No, registradora de la propiedad.

EL MUERTO.- Ya se sabe que los registradores de la propiedad son unos linces.

EL TROPEZADOR.- ¡Qué razón tenía! Más que un santo.

EL MUERTO.- Así es.

EL TROPEZADOR.- ¡Qué ingrata la vida!

EL MUERTO.- Sí, muy ingrata.

EL TROPEZADOR.- *(Poético.)* Nuestras vidas son los ríos…

EL MUERTO.- … que van a dar a la mar… Ya, eso ya me lo sé. Invéntese algo más original.

EL TROPEZADOR.- *(Que no acaba todavía de creérselo.)* ¿Y estamos muertos, muertos muertos…?

EL MUERTO.- Más muertos que una lechuga.

EL TROPEZADOR.- ¿Cómo más muertos que una lechuga? ¡Anda que las comparaciones que hace usted!

EL MUERTO.- Ya, pero es la que se me ha ocurrido. Como estoy muerto, no puedo pensar bien.

EL TROPEZADOR.- Podría haber dicho usted, está más muerto que Carracuca.

EL MUERTO.- Pues también es verdad, pero como no sé quién es Caracuca.

EL TROPEZADOR.- Caracuca no, Carracuca.

EL MUERTO.- Usted perdone, ni sé quién es Carracuca ni Caracuca. Es más, me da igual.

EL TROPEZADOR.- Los catalanes siempre tan nacionalistas.

EL MUERTO.- ¿Por qué dice eso?

EL TROPEZADOR.- Porque no quiere saber quién es Carracuca.

EL MUERTO.- No es que quiera o no quiera, es que no lo sé.

EL TROPEZADOR.- ¿Usted no ha oído nunca la expresión "está más perdido que Carracuca"?

EL MUERTO.- Usted perdone, pero no. Los españoles es que inventan cada cosa.

EL TROPEZADOR.- Pues sepa que esta expresión significa que así se pondera la situación angustiosa o comprometida de alguien.

EL MUERTO.- ¡Es que son raros los españoles! Con razón los catalanes no queremos ser españoles.

EL TROPEZADOR.- No desvíe el tema, que siempre salen con el mismo asunto. *(Piensa.)* Además, si estamos muertos, coño... si estamos muertos, qué más nos da. *(Sin creérselo todavía, pregunta de nuevo asustado.)* ¿Estamos muertos?

EL MUERTO.- *(Complaciente.)* Sí.

EL TROPEZADOR.- *(Se echa a llorar.)* ¿Y mi mujer y mis hijos?

EL MUERTO.- ¡Abur!

EL TROPEZADOR.- ¡Qué va a ser de ellos!

EL MUERTO.- Creo que esta conversación ya la hemos tenido antes.

EL TROPEZADOR.- Es que no se me ocurre otra cosa. Como no he estado muerto nunca, no sé lo que se dice en estas circunstancias.

EL MUERTO.- Vaya a creerse usted que yo he estado muerto varias veces en mi vida.

EL TROPEZADOR.- Como es usted catalán.

EL MUERTO.- ¿Y eso?

EL TROPEZADOR.- Ya se sabe que los catalanes tienen siete vidas, como hacen pactos con el diablo.

EL MUERTO.- Los gatos, amigo, son los que tienen siete vidas.

EL TROPEZADOR.- ¿Y los catalanes no?

EL MUERTO.- Los catalanes no. Los catalanes tenemos las mismas vidas que los españoles, que los turcos y que los liechtensteanos.

EL TROPEZADOR.- Pero yo no me quería morir todavía. Es más, ha sido un accidente tonto.

EL MUERTO.- La verdad es que ha sido una muerte estúpida.

EL TROPEZADOR.- Yo no me quería morir así.

EL MUERTO.- ¿Y cómo se quería morir entonces?

EL TROPEZADOR.- *(Piensa.)* No sé... Acaso...

EL MUERTO.- ¿Qué?

EL TROPEZADOR.- No sé si decírselo porque se va a reír.

EL MUERTO.- Hombre, hay confianza. Aunque usted sea de otro país, aquí somos del mismo.

EL TROPEZADOR.- Fornicando.

EL MUERTO.- ¿Fornicando?

EL TROPEZADOR.- Ve. No quería decírselo.

EL MUERTO.- No. Si a mí me da igual lo que haga con su vida. *(Se ríe.)* Bueno con su muerte.

EL TROPEZADOR.- ¿A usted no le parece agradable morir fornicando?

EL MUERTO.- Depende.

EL TROPEZADOR.- ¿Depende de qué?

EL MUERTO.- Hombre, depende de con quién.

EL TROPEZADOR.- Con cualquiera.

EL MUERTO.- Con cualquiera no. A mí, qué quiere usted que le diga, yo no me muero fornicando con cualquiera.

EL TROPEZADOR.- Usted es que es un tío muy particular. Yo sí. A mí me hubiera gustado morir fornicando con cualquiera o, por ejemplo, luchando por mi patria.

EL MUERTO.- ¡Hala! Pues sí que hay diferencia. Ya estamos otra vez con la patria.

EL TROPEZADOR.- Es que yo soy muy patriota.

EL MUERTO.- Era.

EL TROPEZADOR.- Sí, era.

EL MUERTO.- Pues a mí las banderas me la refanfinflan.

EL TROPEZADOR.- Sí, claro.

EL MUERTO.- ¿Cómo que si claro?

EL TROPEZADOR.- Que sí, claro. Los catalanes siempre están con la bandera para arriba y para abajo.

EL MUERTO.- Si usted lo dice.

EL TROPEZADOR.- Yo por mi país hago lo que sea.

EL MUERTO.- Pues ahora relájese, que le queda toda la eternidad.

EL TROPEZADOR.- ¿Y tengo que compartirla con usted?

EL MUERTO.- Joder, no haber caído en mi tumba. ¡A ver si se cree que a mí me hace mucha gracia estar toda la eternidad con usted!

EL TROPEZADOR.- Me lo suponía. Los hay que tenemos mala suerte hasta en esto.

EL MUERTO.- ¿Y si dejamos de hablar ya de una vez?

EL TROPEZADOR.- Es que si no hablo me aburro.

EL MUERTO.- Yo no sé si lo voy a aguantar toda la eternidad.

EL TROPEZADOR.- Ni yo.

(Deciden permanecer en silencio mientras CAE EL TELÓN.*)*

EL COVID 19 Y EL NIÑO

PERSONAJES

PADRE
HIJO

;

ACTO ÚNICO

PADRE *lleva confinado en su casa desde hace cien días. Cada dos o tres días acude una asistenta, le limpia la casa y le deja preparada la comida para un tiempo.* PADRE *habla alguna que otra vez con su* HIJO. *La acción transcurre en el salón de una casa de clase media.*

PADRE.- ¿Hijo… qué tal andáis?

HIJO.- Hola papá. Nosotros muy bien, ¿y tú?

PADRE.- Estoy muy contento.

HIJO.- *(Ironiza.)* ¿Y eso? ¿Te ha tocado la lotería?

PADRE.- Más que eso.

HIJO.- No sé qué puede haber más importante que la lotería. *(Ríe.)* ¿O quizá has ganado una vuelta al mundo en uno de esos barcos que no puede atracar en ningún puerto?

PADRE.- ¡Cómo te gusta reírte de tu padre! Mucho más que todo eso.

HIJO.- *(Sigue la mofa.)* ¡Como no te hayas quedado preñado…!

PADRE.- … Algo hay de eso pero no es lo primero de lo que te quería hablar.

HIJO.- Pues tú dirás. Me tienes en ascuas, y me rindo. Me has vencido de nuevo.

PADRE.- Tengo el coronavirus.

HIJO.- *(Asustado.)* Pero... ¡Qué dices! ¡Estás loco! ¿Cómo puedes decir que estás contento por tener el coronavirus?

PADRE.- *(Infantil.)* Así es.

HIJO.- ¿Pero es de verdad o estás de coña?

PADRE.- Absolutamente en serio.

HIJO.- ¿Y cómo lo sabes? ¿Y por qué estás contento? ¿Y por qué hablas de embarazos?

PADRE.- Te noto muy impaciente, hijo. Cálmate. Son muchas preguntas para contestarlas al mismo tiempo, un hombre ya entrado en la decrepitud y con el coronavirus.

HIJO.- Yo contigo no puedo, papá. Definitivamente me rindo.

PADRE.- Pero ¿estás contento de que tu padre esté contento?

HIJO.- *(Distraído.)* ¡Qué dices! ¿Has perdido el sentido?

PADRE.- Sin insultar, hijo. Sin insultar. No vayas a fastidiarme el día con lo contento que estoy.

HIJO.- *(Alterado.)* Explícate, papá, que me va a dar un infarto.

PADRE.- Te explico, te explico. Tú sabes que de vez en cuando voy al supermercado a comprar.

HIJO.- Sí.

PADRE.- Este que hay cerca de casa donde acude mucha gente...

HIJO.- ... Sí.

PADRE.- Es como hallarse en un estado de sitio. Gente de bote en bote, que se te echa encima sin darte cuenta y con ganas casi de besarte.

HIJO.- *(Ironiza.)* Conozco bien el lugar, ese al que precisamente te tengo dicho que no vayas, y tú erre que erre.

PADRE.- Sí. A ese. Ya sabes que a determinada edad los padres hacen los que les viene en gana y los hijos no paran de darles órdenes. Se invierten los papeles de antaño.

HIJO.- Lo hacemos por tu bien, papá. No te enfades.

PADRE.- Hay amores que matan.

HIJO.- Ya. Sigue contando. Fuiste a ese foco de infección, al que te he dicho que no vayas, porque no quiero que te mueras y...

PADRE.- ... Pues que tengo el coronavirus.

HIJO.- ¿Que lo has cogido ahí?

PADRE.- Digo yo que habrá sido ahí.

HIJO.- ¿Y tú por qué sabes que es el coronavirus? ¿Eres médico acaso?

PADRE.- ¡Jesús! Hijo, cualquiera diría que te está dando envidia de que tu padre tenga el coronavirus.

HIJO.- Es que no sé de qué puedes estar tan contento, sabiendo que han muerto miles de personas y otras miles van a morir próximamente. Y, por cierto, los más viejos son los que antes caéis. Y ahora tú vas al supermercado guerrero del barrio porque quieres infectarte. ¿Lo he entendido bien?

PADRE.- No. No has entendido nada. Yo no fui al supermercado porque quería infectarme, que eres muy listillo. Fui al supermercado porque quería comprar unos yogures. *(Comprensivo.)* Ya sabes que me gustan mucho los yogures de colores.

HIJO.- Sí, lo sé. Pero podrías haber enviado a Juanita. ¿No va Juanita por ahí y te lleva la compra?

PADRE.- Sí.

HIJO.- Entonces.

PADRE.- No iba a esperar a que viniera Juanita de nuevo; si había acabado de irse ese día. Y, además, ¡qué me iba a pasar por ir a comprar unos yogures!

HIJO.- Pues te ha pasado. Y los has trincado.

PADRE.- *(Contento.)* Sí.

HIJO.- ¿Por qué lo sabes?

PADRE.- Tengo tos, echo esputos…

HIJO.- … Eso será un simple constipado.

PADRE.- ¿Y el análisis?

HIJO.- ¿Un análisis? ¿Adónde has ido a hacerte un análisis?

PADRE.- ¿Eso qué importancia tiene?

HIJO.- ¿Quién te ha hecho el análisis?

PADRE.- Un analista.

HIJO.- Ya, hasta ahí llego. ¿Qué analista conoces tú?

PADRE.- Esto parece un interrogatorio de la Gestapo.

HIJO.- Es que no me acabas de contestar.

PADRE.- Si me dejas, te cuento toda la secuencia.

HIJO.- Te dejo. Cuenta porque creo que tengo los síntomas de un derrame cerebral, seguro.

PADRE.- ¡Qué extremado eres, hijo! Ese defecto no lo has heredado de mí; sin duda, eso es cosa de tu madre y su rama. Que eran todos muy bufos.

HIJO.- Vale. Prosigue.

PADRE.- Juanita va a muchos lugares a limpiar y hacer sus cosas.

HIJO.- Ya.

PADRE.- Como me veía pachucho, me dijo, Ramón ¿por qué no le dice a mi analista que te haga la prueba esa del coronavirus?

HIJO.- ¿Ramón te llama ahora?

PADRE.- No te desvíes del tema. Es que tiene confianza la muchacha conmigo.

HIJO.- Ya. Sigue contando.

PADRE.- Pues nada, que vino el analista de marras y me tomó muestras, se las llevó y esta mañana mismo me han dado los resultados. Y me he puesto tan contento que me he dicho voy a llamar a mi hijo para darle la sorpresa.

HIJO.- Y bien que me las has dado, papá. Bien que me las has dado. Si ya sabía yo que esto lo veía venir. Nunca haces caso a nadie. Siempre lo que te ha dado la gana.

PADRE.- Ahí llevas razón, hijo. Más razón que un santo.

HIJO.- Y ahora no ibas a cambiar, ¿no?

PADRE.- (…)

HIJO.- ¿Has dicho algo? No te he oído.

PADRE.- Los viejos no cambian, hijo. Al contrario, en la vejez se les agrava todo lo que han sido a lo largo de su vida.

HIJO.- Pues a ti te han gustado más las mujeres que el arroz con leche.

PADRE.- De eso hablaremos después.

HIJO.- ¿Cómo?

PADRE.- Ahora déjame que te acabe de contar lo del coronavirus.

HIJO.- *(Sarcástico.)* Ya me lo has contado. Que tienes el coronavirus y que estás más contento que cuando hiciste la Primera Comunión.

PADRE.- No te rías, hijo, que esto tiene mucha importancia.

HIJO.- Eres tú el que no le da ninguna importancia.

PADRE.- Sí que le doy. Ya te he dicho que estoy muy contento.

HIJO.- ¿A ver, por qué?

PADRE.- Mira, si tengo el coronavirus, puedo tener anticuerpos y salir a la calle cuando quiera y hacer lo que me de la gana sabiendo que no me va a pasar nada. ¿Lo entiendes?

HIJO.- Dices una barbaridad tras otra. ¿Tú crees que eres *Superman*?

PADRE.- No sé de qué me hablas. No te entiendo.

HIJO.- Lo primero, ¿quién te dice a ti que no te vas a morir?

PADRE.- Bueno, si fuera a morirme no te estaría hablando, ¿no?

HIJO.- *(Duda.)* Psss.

PADRE.- Te veo dudar.

HIJO.- Eso no quiere decir que no te vayas a poner malísimo esta noche. ¿Desde cuándo estás infectado?

PADRE.- El analista no me lo ha dicho, pero dice que, por la gran cantidad de virus que tengo en el cuerpo, puede que lleve algún tiempo.

HIJO.- ¿Y no sientes nada grave?

PADRE.- Si te lo he dicho antes. Tengo tos y echo esputos.

HIJO.- ¿Y nada más?

PADRE.- Nada más.

HIJO.- … Por ahora.

PADRE.- Por ahora. Hijo, parece que te da coraje que tenga el coronavirus. Tienes el mal fario.

HIJO.- Es que no me fío, papá. No me fío.

PADRE.- ¡Qué desconfiado has sido siempre, hijo! En eso tampoco te pareces a mí.

HIJO.- No. Si a este ritmo, veremos a ver de quién soy hijo.

PADRE.- De tu madre seguro.

HIJO.- Ya desconfías de eso.

PADRE.- No. La verdad que tu madre era una santa.

HIJO.- Entonces.

PADRE.- Claro que cualquiera hace un borrón.

HIJO.- Y cuenta nueva.

PADRE.- Eso lo decía también mucho tu madre. Borrón y cuenta nueva.

HIJO.- Ya.

PADRE.- Lo que yo digo, que no lo puedes negar. Eres hijo de tu madre.

HIJO.- ¿Y ahora qué?

PADRE.- Pues ahora nada. Aquí tan ricamente, cargándome a la mierda del bicho ese que está dando un por culo…

HIJO.- Y lo estás venciendo, dices.

PADRE.- Sí, hijo. No insistas. Ese bicho no puede conmigo. No pudo Franco, ¿va a poder ese bicho de mierda?

HIJO.- ¡Qué chulito!

PADRE.- Ni chulito ni nada. A mí lo que me mate tiene que ser más fuerte que esa mierda.

HIJO.- Papá, ¿tú sabes cuántos años tienes?

PADRE.- ¿Y eso qué tiene que ver?

HIJO.- Que son los viejos los que se están muriendo.

PADRE.- Algunos. El otro día vi salir a uno del hospital con noventa y dos.

HIJO.- ¿Y…?

PADRE.- Que yo ni siquiera he ido al hospital.

HIJO.- Ya.

PADRE.- Así que estoy cultivando anticuerpos. *(Sonríe.)* En lugar de cultivar flores, estoy cultivando anticuerpos. Dentro de poco estoy como un roble, dando saltos de acá para allá en la calle.

HIJO.- A ver a tus amigos.

PADRE.- No te rías de mí, hijo. Bien sé que mis amigos están todos muertos.

HIJO.- Tú mismo.

PADRE.- Pero yo no soy lo mismo. ¿Acaso soy yo lo mismo?

HIJO.- Parece que no porque ellos están muertos y tú vivo.

PADRE.- Equilicuá.

HIJO.- Eso qué significa.

PADRE.- Helo ahí.

HIJO.- ¡Ah!

PADRE.- Así que dentro de poco estoy saltando por ahí.

HIJO.- Más chulito que un ocho.

PADRE.- Así es.

HIJO.- Si está todo cerrado.

PADRE.- Me da igual. Me voy al campo.

HIJO.- No se puede, te multan.

PADRE.- Si tienen valor.

HIJO.- Eres incorregible.

PADRE.- Estos políticos de tres al cuarto no van a poder conmigo y no me van a impedir que vaya adonde me dé la gana.

HIJO.- Infectarás a un montón de gente.

PADRE.- ¿Y tú qué sabes? ¿Eres acaso médico?

HIJO.- No, no soy médico, pero soy una persona razonable, con conocimiento, veo la televisión y las informaciones de los periódicos.

PADRE.- Todo mentira. En los periódicos no dicen nada más que falsedades, "feiquinius" de esas.

HIJO.- Te veo muy al loro.

PADRE.- Y en la televisión salen cuatro periodistas inútiles que hablan de todo y no saben absolutamente nada de nada. Valientes mamarrachos.

HIJO.- Bueno, papá, me tengo que ir.

PADRE.- No te vayas todavía, que he dejado la traca para el final.

HIJO.- *(Aturdido.)* ¿De qué me hablas? ¿Qué dices? ¿Todavía más sorpresas? ¿Tú quieres acabar conmigo?

PADRE.- *(Áspero.)* Eres un pusilánime. Otra característica de la familia de tu madre. Les decían los achicados.

HIJO.- Parece que a ti no te parezco en nada. ¿Y eso qué es?

PADRE.- Pues que se achicaban, se acojonaban ante cualquier cosa.

HIJO.- Ya.

PADRE.- ¿Qué me has dicho al principio, hijo?

HIJO.- Al principio de qué.

PADRE.- Jolín, al principio, cuando empezamos a hablar.

HIJO.- No lo recuerdo. Estoy medio amnésico. Será también herencia de mi madre.

PADRE.- También, también…, era muy olvidadiza la pobre, no creas. ¿No te he dicho que estaba muy contento?

HIJO.- Sí.

PADRE.- Y tú has dicho que si me había tocado la lotería, que si un crucero dando la vuelta por el mundo, que si no me había quedado preñado…, que si patatín que si patatán…

HIJO.- Sí. Algo así. ¿Y qué me quieres decir? ¿Que te has quedado preñado?

PADRE.- Yo no, Juanita.

HIJO.- Bueno, eso no tiene ninguna novedad, ¿no? Juanita es joven. Está en la edad de tener hijos.

PADRE.- ¿Tú has visto a Juanita?

HIJO.- Te recuerdo que fui yo quien te presentó a Juanita.

PADRE.- Por eso.

HIJO.- No sé adónde vas a parar.

PADRE.- ¿Qué le pasa a Juanita?

HIJO.- No sé, papá. No sé qué quieres que te diga.

PADRE.- ¿No me dirás que Juanita es guapa?

HIJO.- ¿Y eso qué tiene que ver ahora? Agraciada no es.

PADRE.- Hijo, es fea, fea de cojones. No digas sandeces.

HIJO.- Sí, es fea. ¿Y eso qué tiene que ver? Me tienes trastornado. No doy más de mí.

PADRE.- Como tu madre. Te cansas pronto. Eres hijo de tu madre. No me cabe la menor duda.

HIJO.- Vale.

PADRE.- ¿Con quién iba a tener un hijo Juanita?

HIJO.- ¿Yo qué sé, papá? Con cualquiera, a mí no me importa con quien tenga Juanita un niño.

PADRE.- ¿Y si es con tu padre?

HIJO.- ¿Qué dices? ¿Estás borracho? ¿O es el covid 19?

PADRE.- Con este que viste y calza.

HIJO.- Papá, no me cuentes milongas.

PADRE.- ¿No crees a tu padre?

HIJO.- No.

PADRE.- ¿Cuántas veces te he mentido yo?

HIJO.- Unas cuantas.

PADRE.- Ninguna. Esas que dices tú eran mentirijillas piadosas.

HIJO.- Vale.

PADRE.- Pues nada, que está preñada de tu padre.

HIJO.- No me lo puedo creer.

PADRE.- Fíjate. Con un par de huevos.

HIJO.- Eso sí.

PADRE.- Con coronavirus y todo.

HIJO.- *(Sarcástico.)* Te habrá dado fuerza el covid 19.

PADRE.- Algo será.

HIJO.- ¿Y cómo te has atrevido con una mujer tan fea?

PADRE.- Hijo, la cabra tira al monte.

HIJO.- Ya he dicho antes que te gustaban más las mujeres que el arroz con leche.

PADRE.- El arroz con leche me gusta más. Sobre todo el que hacía tu madre.

HIJO.- Ya. ¿Y cómo fue?

PADRE.- Te veo cotilla.

HIJO.- Quiero enterarme.

PADRE.- Pues nada. Debe de ser por el tiempo, que ya va

entrando el calor. El caso es que hace poco llegó ligera de ropa y cuando se agachó vi que no llevaba sujetador.

HIJO.- Ya.

PADRE.- Pero es que tampoco llevaba bragas.

HIJO.- ¿Y eso tú como lo supiste?

PADRE.- Me lo dijo ella.

HIJO.- ¿Que te lo dijo ella?

PADRE.- Sí, ya sabes que siempre fue un poco inocente.

HIJO.- ¿Y cómo fue?

PADRE.- Cuando le dije que no llevaba sujetador, va y me dice la pobre: Ramón, tampoco llevo bragas.

HIJO.- ¿Eso te dijo?

PADRE.- Como te lo estoy diciendo.

HIJO.- Y tú alucinado.

PADRE.- Claro.

HIJO.- ¿Y entonces?

PADRE.- Entonces nada. Ahí quedó la cosa.

HIJO.- ¿Cómo que ahí quedó la cosa? ¿Está embarazada o no está?

PADRE.- Está preñadísima. De tu padre.

HIJO.- Pero no me has acabado de contar las cosas. Te gusta darle coba.

PADRE.- ¡Qué impaciente eres, hijo!

HIJO.- Es que no tengo todo el día. Te he llamado para cinco minutos y casi llevo media hora contigo.

PADRE.- ¿Es que no te gusta hablar con tu padre? ¿Es que no me quieres ya, hijo?

HIJO.- Sí te quiero, papá. Pero tengo que trabajar.

PADRE.- ¿Y no estás contento con tu hermanito? Que vas a tener un hermanito, jolín. Bueno, o una hermanita.

HIJO.- Sí. Muy contento.

PADRE.- Aunque pensándolo bien. Con lo fea que es la pobre Juanita, no sé lo que saldrá.

HIJO.- Pero ¿cómo fue?

PADRE.- Nada. Que ella continuó haciendo su trabajo y, cuando finalizó, se sentó en el sofá, se levantó la falda y comenzó a hacerse aire.

HIJO.- ¿Y tú dónde estabas?

PADRE.- Yo había ido a la cocina a beber agua y cuando entro la veo allí con todo el potorro al fresco.

HIJO.- ¿Y qué dijo ella?

PADRE.- ¡Uy, Ramón, que me va a ver el potorro!

HIJO.- ¿Eso te dijo?

PADRE.- Eso. Y yo le dije, que te lo he visto, que no es lo mismo.

HIJO.- Y a ella le daría vergüenza y se bajaría la falda.

PADRE.- Ni por asomo.

HIJO.- ¿Que no se bajó la falda?

PADRE.- Que no se bajó nada. Se la subió mucho más.

HIJO.- ¿Y qué hiciste? Le dirías que se la bajara, ¿no?

PADRE.- Nos seas memo, hijo.

HIJO.- Pero si es muy fea, papá.

PADRE.- Hijo, no seas tiquismiquis. Donde se ponga un potorro al aire libre, así por la mañana… Ya pudiera ser la tía más fea del mundo.

HIJO.- Pero si tienes noventa años, ¿dónde vas, papá?

PADRE.- El hombre es hombre siempre, nene. ¿Qué te crees? Además, de casta le viene al galgo.

HIJO.- Y la violaste.

PADRE.- ¿Tú por quién me has tomado?

HIJO.- ¿Entonces?

PADRE.- Nada de violar ni violar. Esa palabra es muy fea. Le calmé los calores. Estaba muy acalorada.

HIJO.- ¿Y...?

PADRE.- Y todos tan contentos. Se fue ese día diciendo que lo hacía mejor que su marido.

HIJO.- *(Abatido.)* ¡Buenas tenemos!

PADRE.- *(Victorioso.)* Sí, hijo. Ya ves, a mi edad, hecho un toro de Miura.

HIJO.- Pues estamos arreglados. ¿Y ahora qué?

PADRE.- Nada, hijo, ha quedado en decirle al marido que se ha quedado preñada de él.

HIJO.- Y se lo cree.

PADRE.- ¡Qué remedio!

HIJO.- ¿Y tú consientes que un hijo tuyo pase por ser de otro?

PADRE.- Bueno, a estas alturas de mi vida...

HIJO.- ... Eres incorregible, papá.

PADRE.- ¿Te lo has creído todo?

HIJO.- ¿Es mentira?

PADRE.- Eres igual que tu madre. La pobre era una cándida.

HIJO.- ¿Me has estado mintiendo todo el rato?

PADRE.- Sí. Todo es mentira.

HIJO.- *(Respirando.)* Papá, por favor. ¿Y por qué lo has hecho?

PADRE.- Te echaba mucho de menos, hijo. Llevo aquí cien días encerrado sin ver a nadie, sin hablar con nadie...

HIJO.- ... Con Juanita.

PADRE.- Bueno... Con Juanita. Y quería echar un rato contigo. Hace tiempo que no hablamos mucho y cuando lo hacemos siempre tienes prisa.

HIJO.- No sé si te voy a perdonar esto.

PADRE.- Sí me lo perdonarás. Los hijos siempre se lo perdonan todo a los padres.

HIJO.- ¿Y los padres a los hijos?

PADRE.- Depende...

HIJO.- *(Sonríe.)* Eres incorregible.

(Después de decir depende *y escuchar la sonrisa de su* HIJO, *va cayendo el* TELÓN.*)*

LA CALLE

(Interior de una vivienda. Tras un encierro de años, las autoridades permiten a los ciudadanos salir.)

VOZ 1. Lo han dicho, podemos salir.

VOZ 2. ¿Adónde?

VOZ 1. A la calle.

VOZ 2. No te fíes. Nos engañan.

VOZ 1. Lo dice la televisión. Mira *(Enciende la televisión)*. No hay peligro. Han levantado la cuarentena.

VOZ 2. Yo me quedo aquí. ¿Dónde voy a ir ahora? ¿Tú te fías de la televisión? Eres muy ingenua.

VOZ 1. Después de treinta años encerrados hay que salir.

VOZ 2. Estamos bien aquí. ¿Quieres salir del paraíso para entrar en el infierno?

VOZ 1. ¿Estar encerrado te parece el paraíso?

VOZ 2. Tenemos comida, no estamos enfermos, podemos hablar, tenemos la televisión. Fíjate, desde hace treinta años no nos hemos puesto enfermos. ¿Quién te garantiza que fuera no te vas a poner enferma? Fuera siempre te contagian. ¿Cuántos murieron?

VOZ 1. Millones.

VOZ 2. Di la verdad. Murieron casi todos. ¿Por qué quieres salir? ¿A quién puedes encontrar? Todas nuestras amistades están muertas. Todos nuestros seres queridos están muertos. Aquí estamos mejor. Podemos hablar. ¿No quieres ya hablar conmigo después de treinta años? ¿Ya no me quieres?

VOZ 1. Sí, te quiero.

VOZ 2. Entonces déjate de cantos de sirena y de manzanas que te ofrece la serpiente. Solo quieren que salgas ahí fuera para que vuelvas a consumir, para que compres cosas innecesarias, para que comas cosas contaminadas.

VOZ 1. Tú eres un iluso, ¿piensas que puedes vivir encerrado?

VOZ 2. Ellos son los que están encerrados, en sus dependencias, en sus falsas necesidades, en su absurda existencia.

VOZ 1. Lo absurdo es vivir recluidos.

VOZ 2. Yo no me siento recluido. Tengo todo lo que necesito. Te tengo a ti. Te quiero a ti. Puedo comer, puedo leer, puedo soñar, puedo meditar.

VOZ 1. Siempre fuiste un infeliz.

VOZ 2. Y tú una soñadora.

(Se callan. VOZ 2 enciende la televisión.)

TV. Salgan, diviértanse. Todo está controlado. Nada grave sucederá.

(La VOZ 1 se asoma por la ventana. Observa la calle vacía).

VOZ 2. No sale nadie.

VOZ 1. No hay necesidad.

VOZ 2. ¿Y la libertad?

VOZ 1. ¿La libertad para qué?

VOZ 2. Nos hemos acostumbrado tanto a la cárcel que tenemos miedo a la libertad.

VOZ 1. Para mí esto no es la cárcel. Es vivir sin necesidades. No necesito a nadie. Bueno sí, los que necesito están en la tele.

VOZ 2. Todo es virtual. Es absurdo. ¿Y abrazar a la gente? ¿Acaso has perdido ya ese sentimiento?

VOZ 1. Te abrazo a ti *(Se acerca con intención de hacerlo pero ella se retira)*. ¿Ya no me quieres?

VOZ 2. Me subleva tu cobardía.

VOZ 1. *(A la defensiva)*. Vete entonces. Déjame que me muera aquí como un perro.

VOZ 2. Vivir es sobrevivir. Luchar, enfrentarse a la corriente. Tú en cambio te dejas llevar, te dejas arrastrar. Estás en la infancia de la vida. Adiós.

(VOZ 2 se dirige a la puerta que comunica con el patio de butacas).

VOZ 1. Acabarás como todos *(Por el público)*. Encerrados en un espacio más grande pero siempre prisioneros de algo. Nunca serás libre. Nunca serás una persona.

LA PCR

PERSONAJES

CHICO
CHICA
PADRE
MADRE
ABUELA

ACTO ÚNICO

(Un salón de casa de clase media con una ventana al exterior. Un CHICO acaba de llegar a visitar a su CHICA. La CHICA lo mantiene a distancia con una regla de dos metros. Sus padres y su abuela se encuentran guarecidos en sendas habitaciones y sin salir a escena. Solo se les oye hablar pero nunca saldrán:)

CHICA.- *(Miedosa.)* No te acerques.

CHICO.- ¿Es que ya no me quieres ya?

CHICA.- ¿Te has hecho la PCR?

CHICO.- ¿La qué?

CHICA.- La PCR.

CHICO.- ¿Y eso qué es?

CHICA.- ¿No sabes lo que es una PCR?

CHICO.- No.

CHICA.- ¿Tú en qué mundo vives?

CHICO.- ¡Oye, estás tú muy rara últimamente!

CHICA.- ¿Cómo últimamente?

CHICO.- Sí. Desde hace algún tiempo ya no quieres ni que te toque.

CHICA.- ¿Tú estás zumbado?

CHICO.- No te entiendo.

CHICA.- ¿Tú sabes lo que hay ahí afuera?

CHICO.- *(Despistado, mira por la ventana.)* Yo no veo nada.

(El CHICO trata de acercarse subrepticiamente, pero la CHICA le da un empujón con la regla.)

CHICO.- No te estarás volviendo chiflada.

CHICA.- ¿Qué dices?

CHICO.- Eso son los síntomas. Se comienza a hacer cosas raras.

(El CHICO se acerca de nuevo pero ella le empuja con la regla.)

CHICA.- Aléjate, Satanás.

CHICO.- ¿Satanás? ¿Satanás me dices? Hace poco de este Satanás decías que era el chico más maravilloso del mundo.

CHICA.- Y lo eres.

CHICO.- ¿Ves? Te estás volviendo un poco desequilibrada. Dices una cosa y la contraria al mismo tiempo. Cuando uno comienza así es mala señal. Mi tía Gertrudis comenzó así y ¿sabes dónde está?

CHICA.- Sí. Esta historia me la has contado mil veces.

CHICO.- ¿Dónde está?

CHICA.- En el psiquiátrico.

CHICO.- No. ¡Qué va!

CHICA.- ¿No estaba allí?

CHICO.- No. Se ha muerto la pobre.

CHICA.- ¿De qué?

CHICO.- No sé. La verdad es que no lo he preguntado. Como se ha muerto.

CHICA.- ¿No le has preguntado a nadie de qué se ha muerto tu tía?

CHICO.- A mí no me gusta hablar de la muerte. Me gusta hablar de la vida.

CHICA.- Pues lo llevas claro.

CHICO.- ¿Qué quieres decir?

CHICA.- Que hoy todo el mundo habla de lo mismo.

CHICO.- ¿De la muerte?

CHICA.- ¡A ver!

CHICO.- A mí hablar de la muerte siempre me pone depre.

CHICA.- ¡Toma, qué gracia tienes! ¿Y a quién no?

CHICO.- No sé. Hay personas muy morbosas que disfrutan todo el día hablando de los que se mueren.

CHICA.- ¿Tú crees?

CHICO.- ¿Tú recuerdas a mi tío Eusebio?

CHICA.- ¿El del autobús?

CHICO.- Ese.

CHICA.- ¿Qué le pasó a ese, está también en el psiquiátrico?

CHICO.- No, ¡qué va! Mi tío Eusebio es un hombre muy razonable.

CHICA.- ¿Y qué le pasa?

CHICO.- No le pasa nada.

CHICA.- Como has dicho que le gusta hablar de la muerte.

CHICO.- Ah, sí. Como es conductor de autobús.

CHICA.- Le gusta hablar de los muertos.

CHICO.- No exactamente. No quiero decir que a todos los conductores de autobús les guste hablar de los muertos.

CHICA.- Es lo que yo he entendido.

CHICO.- No. No es eso. A lo mejor es que no me he explicado bien.

CHICA.-¿Entonces…?

CHICO.- Que como conduce el autobús, se entera de todos los cotilleos de todo el mundo y, por tanto, de todos los que se mueren.

CHICA.- ¿Y…?

CHICO.- Que, según le dice mi tía Olga, su mujer, a mi madre, cuando llega a casa le habla de todos los muertos que caen cada día.

CHICA.- Sí que es morboso.

CHICO.- No. ¡Qué va! Si a él le da igual los que se mueren. No lo hace por morbo. Lo hace porque no le da importancia a que se muera nadie.

CHICA.- Sí que es frío.

CHICO.- No es frialdad, es que no le da importancia. Como es conductor de autobús.

CHICA.- ¿Los conductores de autobús no le dan importancia a la muerte? ¿Eso quieres decir?

CHICO.- No exactamente. Bueno, a lo mejor sí.

CHICA.- Te explicas como un libro abierto.

CHICO.- No es lo que quería decir, pero una vez que lo dices pues sí.

CHICA.- Me he quedado igual que estaba.

CHICO.- Hija, necesitas que te lo explique todo.

CHICA.- Como todo el mundo.

CHICO.- Como todo el mundo no.

CHICA.- ¿Entonces…?

CHICO.- ¿Entonces qué?

CHICA.- Tú tío el conductor.

CHICO.- ¿Qué le pasa?

CHICA.- Acaba de contármelo.

CHICO.- No. Si no tiene importancia. Yo creo que es porque como es conductor, no le da miedo morir. Dice que todos los conductores tienen que morir en algún momento.

CHICA.- ¿Eso dice?

CHICO.- Sí, claro.

CHICA.- ¿Y los maestros no tienen que morir?

CHICO.- También.

CHICA.- ¿Y los electricistas?

CHICO.- También.

CHICA.- ¿Y los bomberos?

CHICO.- Claro, esos también.

CHICA.- ¿Y los curas?

CHICO.- ¿Los curas?

CHICA.- Sí. Los curas. Esos señores que llevan sotana.

CHICO.- ¿Sotana?

CHICA.- Sí. Sotana.

CHICO.- Yo no conozco a ningún cura que lleve sotana.

CHICA.- ¿Y qué llevan?

CHICO.- No sé. ¿Qué cosas más raras me preguntas?

CHICA.- ¿Qué llevan?

CHICO.- ¿Qué van a llevar? Van vestidos normal, con un pantalón y una camisa blanca.

CHICA.- ¿Una camisa blanca?

CHICO.- Sí. Todos los que conozco llevan una camisa blanca. Supongo que será por algo. Como son curas.

CHICA.- Ya.

CHICO.- ¿Ya qué?

CHICA.- Ya nada.

CHICO.- Me tienes confundido.

CHICA.- ¿Por qué?

CHICO.- No sé. Dices cosas muy raras y haces otras no menos raras.

CHICA.- ¿Tú crees?

CHICO.- Me tienes aquí a dos metros de distancia, preguntándome si me he hecho la PCR y diciendo cosas extrañas. La esquizofrenia comienza así. Ya te lo he dicho. Mi tía Gertrudis…

CHICA.- Sí. La del psiquiátrico. Lo acabas de decir.

CHICO.- No. Me he equivocado. Quería decir mi tía Raimunda.

CHICA.- ¿Tú tía Raimunda?

CHICO.- Sí, mi tía Raimunda.

CHICA.- No conozco quién es tu tía Raimunda.

CHICO.- ¿No conoces quién es mi tía Raimunda?

CHICA.- No. Ya te digo que no.

CHICO.- ¿Nunca te he hablado yo de mi tía Raimunda?

CHICA.- ¡Que no, pesado!

CHICO.- ¡Qué despiste!

CHICA.- Sí que lo eres. Ya me he dado cuenta hace tiempo.

CHICO.- Mi tía Raimunda es una fenómeno.

CHICA.- ¿Qué hizo, subió en globo?

CHICO.- En Nueva York.

CHICA.- ¿Qué dices?

CHICO.- Sí. Se subió en globo en Nueva York.

CHICA.- ¿En Nueva York se sube la gente en globo?

CHICO.- En Nueva York hace la gente lo que le da la gana. Para eso son de Nueva York.

CHICA.- Ya.

CHICO.- ¿No me digas en serio que no te he contado yo lo de mi tía Raimunda?

CHICA.- *(Indiscreta. Dejando la regla en el suelo y acercándose.)* Cuenta, cuenta.

CHICO.- Mi tía Raimunda era cantante.

CHICA.- ¡Ah!

CHICO.- Cantante de ópera. No creas.

CHICA.- ¡Ah!

CHICO.- Y un año la contrataron en la Gran Manzana. Bueno, ella no decía la Gran Manzana.

CHICA.- ¿Qué decía?

CHICO.- Como sabe inglés decía *The Great Apple*.

CHICA.- *The Great Apple*.

CHICO.- Claro. La traducción de la Gran Manzana en inglés.

CHICA.- Ya, eso me lo sé. ¿Y?

CHICO.- En la *Great Apple* está Broadway.

CHICA.- Ya.

CHICO.- La avenida de Broadway cruza el centro de Manhattan.

CHICA.- Manhattan.

CHICO.- Sí. Manhattan, donde vive la gente más guay de Nueva York.

CHICA.- No sabía.

CHICO.- Por allí, al lado de Times Square están los musicales más maravillosos de Estados Unidos.

CHICA.- Y a tu tía la contrataron en un musical de esos.

CHICO.- Exacto. ¡Qué rapidez mental tienes!

CHICA.- Ya.

CHICO.- Pues ya te lo he dicho.

CHICA.- ¿Y eso qué tiene que ver con subir en globo?

CHICO.- ¡Ah, el globo! Se me había olvidado. El globo es… que ella al final de la actuación le dijeron: como la actuación ha salido tan bien, te vamos a regalar algo. ¿Qué quieres? ¿Un camello? ¿Un Rolls Royce? ¿Un viaje a las Islas Caimán? Dinos, qué quieres.

CHICA.- Y tu tía rechazó un camello, un Rolls Royce, un viaje a las Islas Caimán…

CHICO.- …Y muchas más cosas que ahora no recuerdo bien… Bueno, le ofrecieron ir a cazar osos a Alaska.

CHICA.- ¿A Alaska?

CHICO.- Sí. Y mi tía dijo: ¿y qué hago yo en Alaska con el frío que hace y allí todo nevado todo el tiempo? ¿Cazando un oso? ¡Pobrecito! ¿Para qué quiero yo cazar un oso? ¿Qué preguntas son esas? Dijo así mi tía como el que no quiere la cosa. Realmente tenía mucha confianza con los promotores si no... Anda que yo les iba a decir eso. Esas cosas como no tengas mucha confianza no se pueden decir.

CHICA.- Claro.

CHICO.- Y mi tía fue entonces cuando dijo lo del globo.

CHICA.- ¡Qué aventurera!

CHICO.- Y lo hizo desde lo alto del One World Trade Center.

CHICA.- ¿Desde las torres gemelas?

CHICO.- Bueno, no, desde el One World Trade Center. Solo quedaba una, las otras dos se las habían cargado los de Al-Qaeda. Un lío.

CHICA.- No me lo creo.

CHICO.- ¿Que no te crees el qué, lo de Al-Qaeda?

CHICA.- Lo de Al-Qaeda sí. Lo de tu tía.

CHICO.- No miento. Sabes que yo no miento.

(La CHICA se ha acercado cada vez más al CHICO dejando la regla en el suelo, y le da un beso.)

CHICO.- ¿Y esto?

CHICA.- Es una historia muy bonita la que me has contando. Yo quiero también que me lleves al One World Trade Center.

CHICO.- *(Señalándole la regla que está tirada en el suelo.)* ¿Y la regla?

CHICA.- *(Lo besa de nuevo.)* La regla se queda ahí. *(Irónica.)* ¿Cómo vamos a ir a Nueva York con una regla?

MADRE.- *(Al verla la conmina.)* ¿Ya has bajado la guardia?

(La CHICA se retira asustada y coge la regla de nuevo marcando la distancia con el CHICO.)

MADRE.- ¿Le has preguntado por la PCR?

CHICA.- Sí. Mamá.

MADRE.- ¿Y qué dice?

CHICA.- Que no sabe lo que es la PCR.

MADRE.- ¡Madre mía estos jóvenes, nos van a llevar a la ruina!

CHICA.- ¿Qué?

MADRE.- Dile que vaya a hacerse ahora mismo la PCR y, si no, no entra más en esta casa.

CHICA.- *(Mintiendo.)* No sabe lo que es la PCR.

MADRE.- Niña, tu novio nos va a llevar a la tumba. ¿No te habrás acercado a él?

CHICA.- *(Mintiendo.)* No, mamá.

MADRE.- Que los jóvenes sois muy calenturientos y por daros un arrumaco lleváis una casa a la ruina. ¿Le has dicho lo de la abuela?

CHICO.- *(Bajando la voz.)* ¿Qué le pasa a tu abuela?

CHICA.- Nada.

MADRE.- La abuela es de riesgo. Es diabética, tiene osteoporosis, fibromialgia, fatiga crónica, disnea, hipersomnia…

CHICA.- … Para, mamá, o no acabamos.

MADRE.- *(Reprendiéndola.)* Pues tú parece que no te das cuenta. ¿Por qué lo has dejado entrar si no tiene la PCR?

CHICA.- Ya le digo que vaya a hacérsela.

MADRE.- Y, si no, no entra.

PADRE.- *(Desde el interior.)* No seas dura.

MADRE.- ¿Cómo dura? ¿No te has enterado todavía?

PADRE.- Eres un poco dura con el chico.

MADRE.- Manolo, que nos lleva por delante. ¿Es que no ves la televisión?

PADRE.- Creo que exageran.

MADRE.- ¿Que exageran? ¿Dices en serio que exageran? Estoy yo arreglada contigo. Entre tu yerno, que no se entera de nada, y tú que hablas de exagerar, nos vais a llevar a la tumba a mí y a mi madre, pobrecita.

CHICA.- Mamá, no te preocupes. Ya se va mi chico a hacerse la PCR.

MADRE.- ¿Y la distancia?

CHICA.- ¿Qué pasa con la distancia?

MADRE.- Que si has mantenido la distancia.

ABUELA.- La distancia, hija, la distancia. Eso. No vayas a darle un beso que ahí es donde están todos los bichos esos. Dicen que se pegan con la saliva.

MADRE.- Están en el aire, mamá.

ABUELA.- ¿En el aire también?

MADRE.- En el aire también.

ABUELA.- ¡Qué jodidos los bichitos!

MADRE.- Y tanto que son jodidos.

ABUELA.- De todas formas, por mí no os preocupéis mucho. Yo tengo ya noventa y ocho. Si me muero ahora, no pasa nada.

MADRE.- *(A la ABUELA.)* No digas tonterías, mamá, tú ahí, escondida, que este chico tiene peligro.

CHICO.- *(Alzando la voz.)* Por mí no se preocupen. Yo ya me voy.

MADRE.- Sí, pero seguro que has dejado todo lleno de bichos.

CHICO.- ¿De bichos?

MADRE.- Claro. ¿No has estado hablando?

CHICO.- Sí.

MADRE.- Pues equilicuá.

CHICA.- *(Bajando la voz.)* No le hagas caso.

MADRE.- ¿Qué cuchicheáis? Que os conozco.

CHICA.- Nada, mamá. Que ya se iba a hacerse la PCR.

CHICO.- *(Bajando la voz.)* Pero si yo no sé lo que es la PCR.

CHICA.- Pues lo preguntas *(Gritando para ser escuchada pero haciéndole gestos al* CHICO.*)*, pero aquí no entras más hasta que no traigas los resultados de la PCR.

ABUELA.- Muy bien dicho, querida nieta.

MADRE.- Así se hace.

ABUELA.- Esta tiene carácter, como su abuela.

PADRE.- ¡Qué exageración!

MADRE.- Cuando te mueras ya verás lo que pienso decir en tu sepelio.

PADRE.- Te vengarás.

MADRE.- Vaya.

PADRE.- ¿Y qué dirás?

MADRE.- Ahí yace. Por capullo.

PADRE.- ¿Por capullo?

MADRE.- Sí. Por capullo.

ABUELA.- No discutáis por un bichito. Dentro de poco estaremos todos calvos… *(Sonríe.)* Bueno, yo ya estoy calva.

CHICO.- La PCR.

CHICA.- Eso, una PCR.

CHICO.- ¿Y eso dónde se hace?

CHICA.- Pregunta por ahí, a tus amigos.

CHICO.- Como que mis amigos están en esas cosas.

(La CHICA *le empuja con la regla hacia la puerta de la calle.)*

CHICO.- Y si no hay PCR, de lo otro ni hablamos.

CHICA.- ¿Lo otro de qué?

CHICO.- Ya me entiendes.

CHICA.- *(Sonriendo mientras el* CHICO *abre la puerta.)* Anda, ya, sinvergüenza.

CHICO.- Sinvergüenza, sí. Pero a ti bien que te gusta.

(Y con este gusto exquisito final VA CAYENDO EL TELÓN.*)*

EL NÁUFRAGO

PERSONAJES

HOMBRE
NÁUFRAGO
MUJER

ACTO ÚNICO

Un HOMBRE *se halla plácidamente en su tumbona bajo la sombrilla contemplando las onduladas aguas balanceándose con suavidad hasta el punto que la modorra se va apoderando de él. Se supone que el patio de butacas es el mar. Cerca, en la toalla, se encuentra una* MUJER *que de pronto acaba incorporándose y decide marcharse a dar un paseo por la orilla del mar. El sol en lo alto se encuentra en todo su esplendor. Es un magnífico día de verano. La* MUJER *se marcha.*

MUJER.- Adiós, corazón.
HOMBRE.- Adiós, vida.
MUJER.- No tardo.
HOMBRE.- Ten cuidado con los hombres malos.

(Al cabo de unos minutos aparece en medio del mar, como un fantasma que ha sobrevivido al oleaje, un hombre con la ropa mojada, rozada y con una mascarilla sucia de tela. Es el NÁUFRAGO *que sale del mar como un héroe derrotado. El* HOMBRE *al verlo se queda estupefacto.)*

HOMBRE.- ¡Menudo susto me ha dado! ¿Dónde va usted con esa pinta? Y con la mascarilla mojada.

NÁUFRAGO.- Vengo del mar.

HOMBRE.- No hace falta que lo jure.

NÁUFRAGO.- Yo marroquí, tú español.

HOMBRE.- Hasta ahí llego. ¿Vienes en busca de aventura?

NÁUFRAGO.- Yo pobre, tú rico.

HOMBRE.- Ya empezamos con la economía. Tanto como rico… Digamos que vamos tirando.

NÁUFRAGO.- Yo comida. ¿Tú comida?

HOMBRE.- ¿Tienes hambre?

NÁFRAGO.- Sí, hambre. Yo, comer. Cansado. Mucho nadar.

HOMBRE.- No sé qué te puedo ofrecer. Como no sea un bocadillo de jamón *(El* HOMBRE *se ríe para sus adentros.)* ¿Qué te parece?

NÁUFRAGO.- Tú broma.

HOMBRE.- Nada de broma. No seas desagradecido. Es lo que tengo.

NÁUFRAGO.- ¿Tú no tienes conejo?

HOMBRE.- El de la Loles.

NÁUFRAGO.- A mí da igual conejo. Loles bien. Conejo Loles. Vale.

HOMBRE.- No, hombre. Es broma. Como somos españoles, somos muy bromistas.

NÁUFRAGO.- Cachondeo.

HOMBRE.- Sí, exacto, cachondeo. Es una canción que dice que la Loles tenía un conejo chiquito y juguetón. Y a los dieciocho años a su novio le enseñó. El novio que era hortelano y entendía mucho de coles, guardaba los tronchos gordos para el conejo de la Loles. ¿No has oído la canción?

NÁUFRAGO.- No canción. No entender hortelano, tronchos gordos. Difícil. Yo, hambre. Canción no. Yo conejo.

HOMBRE.- ¿Y de dónde saco un conejo? *(Sigue con la broma.)* ¿De la chistera?

NÁUFRAGO.- No entiendo tú… chistera. ¿Eso qué es chistera?

HOMBRE.- *(Sigue con las bromas pesadas.)* La chistera es lo que llevan los que hacen chistes.

NÁUFRAGO.- Yo no sé chistes. Palabras difícil. No entender. Yo tengo hambre.

HOMBRE.- Ya te he dicho que lo único que tengo es un bocadillo de jamón. *(Insiste. Trata de ver hasta dónde es tenaz su sentido religioso.)* Pero si tienes hambre, el profeta te perdonará si te lo comes.

NÁUFRAGO.- No marrano. Prohibido. Triquinosis.

HOMBRE.- ¿Triquinosis? ¿Mi jamón de cinco jotas tiene triquinosis? ¡Qué simpático el morito!

NÁUFRAGO.- Yo comer.

HOMBRE.- Mira, tío, no te pongas tiquismiquis con la comida que no tengo nada más que un bocadillo de jamón. *(Hace memoria.)* Bueno, tengo también unas galletas.

NÁUFRAGO.- Galletas. Vale, sí, galletas.

(Al darle las galletas, el NÁUFRAGO *las devora en un momento. Come con ansiedad.)*

HOMBRE.- ¡Coño! Sí que tenías hambre. No era broma.
NÁUFRAGO.- No, broma. Hambre.
HOMBRE.- ¿Cómo te llamas?
NÁUFRAGO.- Mohamed.
HOMBRE.- ¡Coño! Todos los moros os llamáis Mohamed.

NÁUFRAGO.- Nombre *profita*.

HOMBRE.- Ya. ¿Y qué te trae por aquí en un día tan caluroso? ¿La conquista del nuevo mundo?

NÁUFRAGO.- Yo pobre, tú rico.

HOMBRE.- ¡Vaya! Dale con lo de pobre y rico. Hasta ahí llego.

NÁUFRAGO.- Yo mal, tú bien.

HOMBRE.- Pues sí que lo tienes claro. Es evidente. Yo aquí en mi tumbona pasando un buen día de verano, y tú ahí, jodido, con tu mascarilla. *(Se ríe.)* ¿Esa qué es una FP2?

NÁUFRAGO.- *(Sin hacerle caso.)* Yo galletas, tú jamón jotas.

HOMBRE.- Yo te he ofrecido el jamón, pero…

NÁUFRAGO.- El *profita*.

HOMBRE.- Ya, yo respeto todo, por supuesto. Si quieres comer galletas, galletas. Pero si vienes a por dinero, aquí no hay dinero.

NÁUFRAGO.- Yo trabajar. Yo no ladrón, tú no miedo. Yo persona buena.

HOMBRE.- No, si yo no digo que seas mala persona, solo que si aquí vienes a trabajar, lo llevas claro. Aquí no hay trabajo para nadie.

NÁUFRAGO.- Yo, trabajo. Yo ganar dinero. Yo rico; yo, tú…

HOMBRE.- … Ya. Todos los que llegáis aquí queréis ser como los españoles. Pero es que los españoles somos europeos. ¿Entiendes? *Made in Europe.* Y vosotros, africanos. Desgraciadamente, hay una diferencia. ¿No? No sé lo que te dicen a ti en Marruecos, pero estás muy equivocado, aquí no hay trabajo ni para nosotros.

NÁUFRAGO.- Yo trabajo. ¿Tú trabajas?

HOMBRE.- Natural. Si no cómo iba a estar aquí tumbado a la bartola.

NÁUFRAGO.- Tú das trabajo. Yo buena gente.

HOMBRE.- Hombre, yo no me dedico a eso.

NÁUFRAGO.- Yo, hambre. Más galletas.

HOMBRE.- No tengo ni una más.

NÁUFRAGO.- *(Espontáneo.)* Yo covid.

(El HOMBRE *se asusta y se retira. Después de comerse las galletas el* NÁUFRAGO *ha seguido hablando sin mascarilla.)*

HOMBRE.- No me jodas. Ya me has metido el bicho.

NÁUFRAGO.- No bicho, yo covid.

HOMBRE.- Y me lo dices ahora. Tú eres un hijo de puta. Ya me has pegado el covid. ¿Y si me muero?

NÁUFRAGO.- Yo covid bueno.

HOMBRE.- ¿Cómo covid bueno? Tú estás como una regadera.

NÁUFRAGO.- No entiendo *rigadira*.

HOMBRE.- Regadera, coño. Lárgate de aquí, tío. Ya me has dado el día.

NÁUFRAGO.- No sé donde ir. Tú buena gente. Dar galletas. Más galletas.

HOMBRE.- ¿Te quieres ir ya por ahí? Me has contagiado tu mierda de covid.

NÁUFRAGO.- Yo covid bueno.

HOMBRE.- Pero qué coño covid bueno ni covid bueno. El covid se está llevando por delante a medio planeta. Ahora voy y me muero por la mierda de un marroquí asqueroso.

NÁUFRAGO.- Yo Marruecos dice covid bueno. No problema.

HOMBRE.- Tío, vete por ahí. *(Lo amenaza.)* Si no te vas ahora mismo, llamo a la Guardia Civil. *(Habla para sí en estado de excitación.)* Y ahora tengo que buscar una farmacia para hacerme un test de antígenos. ¿Quién me habría dicho a mí hoy que viniera a la playa? Es que soy un blando. La chica dice vamos a la playa. Y, el calzonazos, vamos a la playa. Hay que decir no siempre al principio; y luego se lo piensa uno. Pero ahí de pronto, sin sopesar, ¡hala! Que te jodan. Y el Mohamed este con el bicho de los cojones. Sudores me están dando ya.

NÁUFRAGO.- No, Guardia Civil. Malos. Guardia Civil pega.

(El HOMBRE *coge el móvil con ademán de llamar y el* NÁU-FRAGO *sale corriendo y desaparece entre las dunas.)*

HOMBRE.- Menudo cabrón. Viene de Marruecos a joder la marrana y a contagiarnos el covid. Será cabronazo. *(Se comienza a poner nervioso. Va de un lado a otro del escenario, como si tuviera un ataque de ansiedad.)* ¡Ay! Me voy a morir. De hoy no pasa. Hoy me voy a morir. El covid. El cabrón ese me ha contagiado el covid. Si es que uno no puede ser buena persona. ¿Quién me ha dicho a mí que comience a darle arillo a un moro? Pero si lo único que quieren es invadirnos. ¿Primos? ¿Y dicen que son primos nuestros? ¡Qué cojones de primos! Me muero. De hoy no pasa. Me muero. *(De pronto se detiene y reflexiona.)* ¿Y el jamón cinco jotas quien se lo va a comer? *(Lo coge y comienza a darle bocados con ansiedad.)* Este me lo zampo yo porque de hoy seguro que no paso. Por lo menos me voy con la barriga llena.

(Saca dos botellas de vino y comienza a beber a morro sin con-templaciones. A medida que va pasando el tiempo la lengua se le vuelve blanda y el habla gangosa. El NÁUFRAGO *acecha entre las dunas.)*

HOMBRE.- El vino que tiene Asunción ni es blanco ni tinto ni tiene *colog*. El vino que tiene Asunción, ni es blanco ni tinto ni tiene *colog*. Asunción, Asunción, echa media de vino al *pogón*. Asunción, Asunción, echa media de vino al *pogón*. Apaga luz Mariluz. Apaga luz que yo no puedo vivir con tanta luz.

(El MARROQUÍ lo ha oído cantar desde la distancia y se acerca de nuevo.)

NÁUFRAGO.- Tú no covid. Covid buena. Tú cantas.
HOMBRE.- El vino que tiene Asunción ni es blanco ni tinto ni tiene *colog*.
NÁUFRAGO.- Yo hambre.
HOMBRE.- Asunción, Asunción, échale media de vino al *pogón*.
NÁUFRAGO.- Tú no solidario, males demás.
HOMBRE.- ¡Quéeee!
NÁUFRAGO.- *(Reivindicativo.)* Tú no galletas. No solidario, hombre mar.
HOMBRE.- *(Recobra un poco la lucidez pero con el tono gangoso de borracho.)* Hasta aquí hemos llegado Mohamed. Llegas ahí de pronto, me das un susto de muerte en un día de descanso para mí, te doy mis galletas, después de haberte ofrecido mis cinco jotas, me echas el covid, puede que hasta muera hoy, y, encima, me dices que no soy solidario. ¡Vete a la real mierda, chaval!
NÁUFRAGO.- Tú ayuda, personas mundo tres.
HOMBRE.- Y tú contagio covid mundo uno ¿dónde lo dejas?
NÁUFRAGO.- No seguro, aire libre, mucho aire. No covid. Tú no covid. Mohamed covid bueno. Mohamed no muerto.
HOMBRE.- Tú que sabes, ¿eres médico?
NÁUFRAGO.- No, Mohamed no médico.

HOMBRE.- *(Autocompasivo.)* Me has contagiado el covid y me voy a morir. Yo, un hombre que está contemplando un día luminoso, que está de vacaciones, ¡coño!, con su rica hembra, fornicando a calzón quitado. En esta playa solitaria y paradisiaca. Y de pronto vienes tú y me cortas el rollo, me echas el covid y, encima, me quieres crear problemas de conciencia.

NÁUFRAGO.- No entiendo conciencia. Tú hablar raro.

HOMBRE.- ¿No sabes lo que es la conciencia?

NÁUFRAGO.- Mohamed no conciencia. Mohamed hambre. ¿Qué conciencia? ¿Conejo?

HOMBRE.- ¿La conciencia es un conejo? Bueno, pensándolo bien quizá la conciencia es un conejo… *(Duda.)* Sí, algo así… *(Comienza a pensar.)* ¿Qué es la conciencia? Es como un conejo… *(Se le ocurre de pronto.)* ¿De la Loles? No. Claro. ¡Qué tonterías digo! Pues tengo que pensar qué es la conciencia.

NÁUFRAGO.- Yo, doler estómago.

HOMBRE.- *(Sigue dándole vueltas ajeno.)* La conciencia es como una idea.

NÁFRAGO.- Sí.

HOMBRE.- Un pensamiento.

NÁUFRAGO.- Sí.

HOMBRE.- Un pensamiento que salta…, como los conejos. Eso es…, voy por buen camino.

NÁUFRAGO.- ¿Comer conciencia?

HOMBRE.- No, hombre. ¿Cómo te vas a comer un pensamiento?

NÁUFRAGO.- En Marruecos comemos pensamientos.

HOMBRE.- En Marruecos es que sois raros de cojones.

NÁUFRAGO.- Yo como pensamientos. ¿Aquí no pensamientos?

HOMBRE.- *(Cae en la cuenta.)* ¡Ah, pensamientos! La planta. No. Ya. Hombre, hasta aquí no llegamos en España. Comernos los pensamientos. Pero en Marruecos con el hambre que tenéis, os coméis todas las hierbas que pilláis. *(Rememora.)* Aquí también en la guerra dicen los viejos que se comían las plantas. *(Se ríe.)* Y tenían todos la cara verde. ¡Qué jodidos! Como las cabras.

NÁUFRAGO.- ¿Tú no tienes conciencia comer?

HOMBRE.- No. La conciencia es… *(Parece ir en el buen camino.)* La conciencia es saber lo que está bien y lo que está mal.

NÁUFRAGO.- Yo mal. Tú bien. ¿Tú conciencia?

HOMBRE.- Me parece que te estoy liando demasiado.

NÁUFRAGO.- Raro. Tú español raro. Mucho lío cabeza.

HOMBRE.- Después de este vino y el jamón de cinco jotas me he quedado como dios. Y sin conciencia.

NÁUFRAGO.- Pero yo comer. Hambre mucha.

HOMBRE.- Hombre de poca fe. Ya comerás en algún momento del día. La Guardia Civil te llevará un bocadillo (de jamón) *(Sonríe de nuevo.)* al cuartelillo.

NÁUFRAGO.- *(Enfadado, comienza a gritar.)* Tú broma mucha. Yo hambre. Tú mala persona.

HOMBRE.- Lo que me faltaba.

NÁUFRAGO.- Yo pedir ayuda. Tú puedes, no quieres.

HOMBRE.- *(Se encara.)* Que me has contagiado el covid, ¡So mamón! ¿De qué me estás hablando tú?

NÁUFRAGO.- *(Le da un empujón y lo tira en la arena.)* ¡Capullo!

HOMBRE.- Y encima me insulta. Pero ¿de dónde ha salido este ejemplar?

(Aparece la MUJER.*)*

MUJER.- ¿Qué pasa?

HOMBRE.- Mira este ejemplar de Marruecos.

MUJER.- *(Le echa un vistazo y lo ve guapo.)* Pues no está mal el marroquí. Si se quitara la máscara.

HOMBRE.- Lo que faltaba. Se la ha quitado antes y seguro que me ha echado el bicho ese.

MUJER.- ¿El covid?

HOMBRE.- ¡Qué va a ser si no! ¿El euromillón?

NÁUFRAGO.- Mohamed no covid. Yo decir. No covid. Mohamed covid bueno.

MUJER.- Pero si habla y todo.

(La MUJER va viendo que el NÁUFRAGO, de pronto, está teniendo una erección.)

HOMBRE.- Le he dado galletas y encima me responde con el covid e insultándome. Me comienza a crear problemas de conciencia con el rollo de la solidaridad y yo aquí medio muerto. Porque seguro que hoy me muero. De esta no paso. Yo tengo bajas las defensas. Que me lo dice todo el mundo. Chico, que tienes bajas las defensas. Cuídate. Desde pequeño…

(El NÁUFRAGO de pronto está erecto completamente. La MUJER se queda obnubilada.)

MUJER.- *(Al HOMBRE. Comienza a cuchichear con él en voz más baja.)* … ¿Has visto lo que de pronto le ha salido entre las piernas?

HOMBRE.- ¡Qué barbaridad! ¿Eso te da con el covid?

MUJER.- Pero, fíjate bien. Es un fenómeno este Mohamed.

HOMBRE.- Podríamos llevarlo por ahí, por las ferias.

MUJER.- ¡Qué ferias ni qué niño muerto! Este está para hacerle un favor.

HOMBRE.- ¿No me irás a traicionar, Rafaela? Que yo soy tu hombre.

MUJER.- Ya, tú eres mi hombre, pero es que eso no se puede desperdiciar.

HOMBRE.- ¿Me abandonas por un moro?

MUJER.- No olvides que tú también eres moro.

HOMBRE.- Hasta ahí podíamos llegar.

NÁUFRAGO.- *(Que parece haber entendido algo.)* ¿Tú moro? ¡Tú Hermano!

HOMBRE.- Un momento, Mohamed, un momento, que te veo venir.

NÁUFRAGO.- Tú marroquí. ¡Hermano! ¡Salam Aleikum!

HOMBRE.- Yo, español, muy español. De Pozuelo de Alarcón. ¡Ojo al dato!

MUJER.- ¿Qué coño dices? ¿De Pozuelo de Alarcón? Pero sí tú eres del Atlas.

NÁUFRAGO.- Hermano. Yo Atlas también. Mucho Atlas. *(Comienza a cantar tan contento como si fuera de un equipo de fútbol.)* ¡Oé, Oé, Oé, Oé… Oé, Oé! ¡Mucho Atlas, mucho Atlas!

HOMBRE.- En menudo follón me has metido con este. ¿Y ahora qué hacemos?

NÁUFRAGO.- *(A su bola.)* ¡Oé, Oé, Oé, Oé… Oé, Oé!

MUJER.- Pero si eres marroquí. Ayuda a un hermano. Lleva razón el chaval.

HOMBRE.- Tú lo que vas buscando es lo que yo veo.

MUJER.- Tienes que ser solidario con los de tu misma sangre. Eres su hermano.

HOMBRE.- ¡Y una mierda! Yo soy español y muy español. Cristiano viejo.

NÁUFRAGO.- No. Tú viejo no, tú joven. ¡Oé, Oé, Oé, Oé… Oé, Oé!

HOMBRE.- *(A la* MUJER.*)* Dile a este tío que es una broma lo de marroquí o no nos lo quitamos de encima.

MUJER.- ¡Pobrecillo! ¿No te da lástima?

HOMBRE.- No.

MUJER.- Acuérdate de quién eras tú. De cuando llegaste a España en los bajos de un camión. Un niño de apenas un puñado de años.

HOMBRE.- Y me ha costado mucho sobrevivir. Por eso.

MUJER.- No seas egoísta.

HOMBRE.- Y ahora llega este mamón, me contagia el covid y encima quieres que lo ayudemos. Pero cómo lo vamos a ayudar. Nos hunde. ¿Vamos diciendo por ahí que es marroquí como yo, ya que no tengo ningún acento y que revisen todo lo mío? A los inmigrantes no los quieren en ningún sitio y solo nos acogen cuando nos necesitan o para bajar sueldos o para tenernos como esclavos.

NÁUFRAGO.- *(Está a su aire durante todo el diálogo de* HOMBRE *y* MUJER.*)* ¡Oé, Oé, Oé, Oé… Oé, Oé!

MUJER.- Una mano.

HOMBRE.- La que quiere echarle una mano a la bragueta eres tú.

MUJER.- También.

HOMBRE.- ¡Furcia!

MUJER.- ¡Gilipollas!

HOMBRE.- ¡Ramera!

MUJER.- Eso es lo mismo.

HOMBRE.- ¿Y qué, yo digo lo que me da la gana?

MUJER.- Lo que te digo es que furcia y ramera significan lo mismo.

HOMBRE.- ¡Puta!

MUJER.- *(Ajena a sus palabras.)* Me da igual lo que digas. Te ha dado un ataque de cuernos.

HOMBRE.- *(De pronto se siente mal.)* Yo me muero. Me voy a morir.

MUJER.- Ya está con el teatro. ¡Qué teatrero ha sido siempre este hombre!

NÁUFRAGO.- *(Preocupado.)* No mueras. Tú de Atlas. Atlas no morimos. Fuertes. Machos.

HOMBRE.- Me muero. *(Se siente desfallecer.)* Yo me muero. No puedo respirar.

MUJER.- Pero si estás respirando.

HOMBRE.- Sí, pero muy poco. Solo poquito. Me falta el aire.

NÁUFRAGO.- Ya habla como mí. Verdad. Es de Atlas.

HOMBRE.- Covid mí, Atlas yo, español no.

NÁUFRAGO.- Es verdad. *(Va y lo abraza.)* No mueras, paisa. Tú jodes mí. Y yo muero también.

MUJER.- ¡Vaya par! ¡Dios los cría y ellos se juntan! ¡Y los dos hombres! ¡Y los dos marroquís! Y es lo que digo yo, es que no servís ni para escuchar si llueve.

NÁUFRAGO.- No llover. Sol. Mucho sol.

MUJER.- Este no se entera de nada.

NÁUFRAGO.- Respiración amigo.

HOMBRE.- *(Desfalleciendo. Con la voz entrecortada.)* A mí no te acerques, tú eres el culpable de todos mis males. Con lo a gusto que estaba yo en mi tumbona mirando el oleaje. Haberte quedado en Marruecos. ¡Coño!

NÁUFRAGO.- No quiero morir tú. Amigo. Tú ayuda Mohamed.

(El HOMBRE se siente progresivamente mal y se desmaya. Sus constantes vitales han desaparecido.)

NÁUFRAGO.- *(A la MUJER.)* Haz boca boca, él.

MUJER.- *(Se acerca al* NÁUFRAGO *y le echa mano a la braqueta. Y le da un gran beso en la boca.)* A quien le voy a hacer yo el boca a boca es a ti.

NÁUFRAGO.- *(Apartándola.)* Él muerto. Yo boca a boca.

(El NÁUFRAGO *se acerca y comienza a hacerle el boca a boca pero se da cuenta de que el* HOMBRE *está muerto.)*

NÁUFRAGO.- ¡Caput!

MUJER.- Si te lo estoy diciendo.

NÁUFRAGO.- Yo, solo. Amigo muerto.

MUJER.- *(Se acerca melosa.)* Tú te vienes ahora conmigo, que te voy a poner fino filipino. Como a un rey.

NÁUFRAGO.- ¿Y comer?

MUJER.- Me vas a comer a mí.

NÁUFRAGO.- Yo no caníbal.

MUJER.- Pues yo sí. Una caníbal del Atlas. Ñam, ñam, ñam.

(Y en medio de una vorágine de deseo y arrumacos va CAYEN-DO EL TELÓN.)

EL SEXTO MANDAMIENTO

PERSONAJES

NIÑO
CURA

1

(El CURA *se encuentra en el confesionario y llega el* NIÑO.*)*

CURA.- ¿Otra vez tú por aquí?

NIÑO.- Ave María Purísima.

CURA.- Sin pecado concebida. ¿A ver qué pasa ahora?

NIÑO.- Otra vez lo mismo.

CURA.- ¿Otra vez, Paquito?

NIÑO.- Otra vez.

CURA.- ¿Te has tocado?

NIÑO.- Sí, padre.

CURA.- *(Con tono de enojo.)* ¿Y por qué te tocas? ¿Por qué te tocas?

NIÑO.- Es que me gusta…

CURA.- ¡… Cómo que te gusta! ¡Paquito, Paquito… Cómo que te gusta!

NIÑO.- Me gusta, don Francisco. No sé qué hacer.

CURA.- ¿Acaso no sabes que tocarse es pecado?

NIÑO.- Ya lo sé pero es que aquello se pone como un palote y…

CURA.- …¿Un palote?

NIÑO.- Sí.

CURA.- Échate agua fría. ¿Has probado a echarte agua fría?

NIÑO.- No.

CURA.- Échate agua fría. Verás cómo se te quita.

NIÑO.- Vale.

CURA.- ¿Y tu padre y tu madre?

NIÑO.- ¿Qué les pasa?

CURA.- ¿Cómo que qué les pasa?

NIÑO.- Mi padre y mi madre bien.

CURA.- Que si los has honrado, Paquito. Que si has honrado a tu padre y a tu madre.

NIÑO.- ¿Y eso qué es?

CURA.- ¿Cómo que eso qué es? ¿Tú no sabes lo que es honrar a tu padre y a tu madre?

NIÑO.- No.

CURA.- ¡Alma de cántaro! Honrar a un padre y a una madre es comportarse bien con ellos, tratarlos con cariño, con respeto y no insultarlos ni mentirles…

(El NIÑO se queda pensativo.)

A ver Paquito, qué pasa.

NIÑO.- Que no los he honrado.

CURA.- ¿Cómo?

NIÑO.- Que el otro día me dijo mi madre que fuera a la tienda a por una botella de Puleva y le dije que no me daba la gana.

CURA.- ¿Eso le dijiste a tu madre?

NIÑO.- Sí.

CURA.- ¿Y qué hizo tu madre?

NIÑO.- Se enfadó.

CURA.- ¿Y no te tengo dicho que debes obedecer a tu padre y a tu madre?

NIÑO.- Sí.

CURA.- ¿Entonces?

NIÑO.- Es que estaba en el baño… *(Avergonzado.)* Tocándome.

CURA.- Paquito, ¿tú no sabes que si sigues así se te va a secar el cerebro?

NIÑO.- ¿El cerebro?

CURA.- Sí. El cerebro.

NIÑO.- ¿Y si se seca me muero?

CURA.- ¿Tú qué crees?

NIÑO.- Que sí. Que me muero.

CURA.- Pues ya está.

NIÑO.- ¿Y eso cómo va a ser?

CURA.- Siendo.

NIÑO.- Pero Dios por una cosa así no va a dejar que se nos seque el cerebro.

CURA.- Dios no hace nada. Eso es una cosa que pasa por tocarse.

NIÑO.- ¿Y a mis amigos les va a pasar igual?

CURA.- Claro.

NIÑO.- Entonces van a desaparecer todos los niños.

CURA.- Paquito, ¿tú no serás un depravado de esos?

NIÑO.- ¿Un qué?

CURA.- Un depravado.

NIÑO.- No sé lo que es un depravado.

CURA.- Míralo en el diccionario.

NIÑO.- No tenemos diccionario.

CURA.- Dile a tu padre que te compre uno, que es muy útil.

NIÑO.- Está mi padre para comprar diccionarios, si no tenemos ni para comer.

CURA.- No exageres, Paquito, que tu padre es funcionario.

NIÑO.- ¿Funcio… qué?

CURA.- Funcionario.

NIÑO.- ¿Y eso qué es?

CURA.- Niño, me estás cansando. No sabes la mitad de las palabras.

NIÑO.- Es que usted habla muy raro.

CURA.- ¿Que yo hablo raro?

NIÑO.- Sí, como está acostumbrado a hablar con Dios.

CURA.- Pero eso qué tiene que ver.

NIÑO.- *(Todo seguido sin coger aire.)* Pues que como habla con Dios y Dios es muy importante usted quiere decir palabras muy bonitas y tal y cual, y entonces luego venimos los demás y dice lo mismo y por eso la cagamos.

CURA.- Respira, Paquito, respira y corrige el lenguaje. Las palabras que empleo son las normales. Además eso de hablar con Dios es algo metafórico.

NIÑO.- ¿Meta qué?

CURA.- Déjalo. ¿Has incumplido alguno de los otros diez mandamientos?

NIÑO.- Creo que no.

CURA.- *(Serio.)* ¿Has matado a alguien?

NIÑO.- Sí.

CURA.- *(Extrañado.)* ¿Cómo?

NIÑO.- A una mosca.

CURA.- Eso no tiene importancia.

NIÑO.- Como decía San Francisco de Asís que eran criaturas de Dios.

CURA.- Todos somos criaturas de Dios.

NIÑO.- Entonces soy un asesino.

CURA.- No se refería Dios a esos asesinatos, sino al de personas.

NIÑO.- ¿Cómo voy yo a matar a una persona?

CURA.- Pues puedes ir en paz.

NIÑO.- Demos gracias al Señor.

CURA.- *(Ve que se acerca una mujer hermosa.)* ¡Hala, ya te puedes ir!

NIÑO.- ¿Y no me pone la penitencia?

CURA.- Tres padrenuestros y dos avemarías.

NIÑO.- ¡Jo! Eso es mucho, padre.

CURA.- ¿Cómo que es mucho?

NIÑO.- Sí. La última vez por lo mismo me puso menos.

CURA.- ¿Cómo que te puse menos? ¿Cuánto te puse la última vez?

NIÑO.- Tres padrenuestros.

CURA.- Vale, cansino, tres padrenuestros.

NIÑO.- Gracias, padre, es usted muy bueno.

(El CURA *sonríe.)*

CURA.- Anda, mala carta, vete ya. Puedes ir en paz.

NIÑO.- Adiós padre.

CURA.- *(Levanta la voz mientras se va el* NIÑO.*)* Agua fresquita, Paquito, agua fresquita.

2

(El NIÑO *al cabo de dos días está de nuevo en el confesionario.*)

NIÑO.- Ave María Purísima.

CURA.- ¿Ya estás otra vez aquí?

NIÑO.- Sí. Es que…

CURA.- … Es que, ¿qué? Sin pecado concebida. ¿A ver qué pasa ahora? ¿Qué mandamientos has incumplido?

NIÑO.- Otra vez lo mismo, padre. El sexto.

CURA.- ¿El sexto?

NIÑO.- Sí. El sexto.

CURA.- ¿No te dije que te echaras agua fría?

NIÑO.- Sí.

CURA.- ¿Y lo hiciste?

NIÑO.- Sí.

CURA.- ¿Y qué pasó?

NIÑO.- Que se puso más dura todavía.

CURA.- ¿Cómo que se puso más dura todavía?

NIÑO.- Sí. Eso… *(Se señala abajo, hacia la bragueta.)* Que se puso más dura que una piedra.

CURA.- ¿Con el agua fría?

NIÑO.- Sí.

CURA.- ¡Válgame Dios! ¿Y qué hiciste?

NIÑO.- Nada.

CURA.- ¿Cómo que nada?

NIÑO.- Bueno… Nada no. Me volví a tocar.

CURA.- *(Duda.)* ¿Pero si con el agua fría se ablandan todas las cosas?

NIÑO.- Eso digo yo.

CURA.- Y no se ablandó.

NIÑO.- No.

CURA.- *(Dubitativo.)* A lo mejor es con el agua caliente.

NIÑO.- ¿Con el agua caliente?

CURA.- Sí.

NIÑO.- Es que en la casa no hay agua caliente.

CURA.- ¿No hay agua caliente?

NIÑO.- No. En esa casa no. Mi padre quiere que nos vayamos a otra casa con agua caliente pero todavía no nos hemos ido. Dice que para el verano.

CURA.- Para el verano.

NIÑO.- Sí.

CURA.- O sea, para el verano os vais a una casa con agua caliente.

NIÑO.- Eso dice mi padre.

CURA.- ¿Para poder bañaros con agua caliente?

NIÑO.- Sí.

CURA.- ¿Pero tu padre está loco o qué?

NIÑO.- ¿Por qué dice eso, padre?

CURA.- ¿Cómo os vais a bañar con agua caliente en el verano a 40 grados a la sombra?

NIÑO.- Ya. Eso digo yo.

CURA.- ¿Y qué hace tu madre cuando os tenéis que lavar en invierno?

NIÑO.- Calienta ollas de agua y las echa en un barreño y allí nos metemos.

CURA.- ¡Vaya tarea, Paquito!

NIÑO.- Sí. Eso dice mi madre, que está harta, que como no nos cambiemos a un sitio que tenga agua caliente se va.

CURA.- ¿Que se va?

NIÑO.- Sí.

CURA.- ¿Adónde se va?

NIÑO.- *(Sonríe.)* No sé a ninguna parte. ¿Dónde se va a ir con lo que nos quiere? Sólo que dice eso porque como está enfadada y le da mucho trabajo eso de estar calentando agua, por eso lo dice.

CURA.- Paquito, así no podemos seguir ¡Eh! No puedes estar aquí un día sí y otro también diciendo que te tocas. *(El CURA, en un descuido, dice en voz alta un pensamiento que le viene.)* Pareces una central lechera.

NIÑO.- *(No comprende muy bien.)* ¿Una qué?

CURA.- Nada. Cosas mías.

NIÑO.- No sé qué hacer.

CURA.- No tocarte.

NIÑO.- No puedo, don Francisco. Es más fuerte que yo. Es como si alguien me llevara la mano ahí y yo no pudiera hacer nada. Es superior a mis fuerzas.

CURA.- Ya veo. Si estáis todos cortados por la misma tijera.

NIÑO.- No lo entiendo.

CURA.- Que todos hacéis lo mismo.

NIÑO.- Sí. A mis amigos les pasa lo mismo.

CURA.- Normal.

NIÑO.- Y a mis amigas.

CURA.- *(Sorprendido.)* ¿Cómo a tus amigas?

NIÑO.- Sí. Y a mi hermana.

CURA.- Si tus amigas no tienen pene.

NIÑO.- *(Sorprendido.)* ¿Pene?

CURA.- Sí.

NIÑO.- ¿Qué es el pene?

CURA.- *(Decidido.)* Eso que te cuelga.

NIÑO.- Mi hermana y mis amigas dicen que les pica el conejo y se tienen que tocar.

CURA.- ¿En el conejo?

NIÑO.- Sí.

CURA.- *(Cándido.)* Pues en el confesionario no dice ninguna nada de eso.

NIÑO.- Es que les da vergüenza.

CURA.- ¿Vergüenza de qué?

NIÑO.- De usted.

CURA.- ¿De mí?

NIÑO.- Sí. Dicen que cómo van a venir aquí y le van a decir a usted que están casi todo el día tocándose el conejo.

CURA.- *(Alterado.)* ¿Casi todo el día?... Claro que lo tienen que decir. Se tienen que confesar como todo el mundo. ¿No te confiesas tú del sexto?

NIÑO.- Sí.

CURA.- Pues ellas tienen que hacer lo mismo.

NIÑO.- Ya. Si yo lo entiendo. Eso es lo mismo que les digo yo, pero la vergüenza es una cosa muy particular.

CURA.- *(Sin comprender.)* Muy particular.

NIÑO.- Sí.

CURA.- A ver, Paquito, explícate.

NIÑO.- Que la vergüenza va por barrios. En unos barrios hay más vergüenza y en otros menos. Eso al menos es lo que dice mi madre, que sabe mucho.

CURA.- No sé qué quieres decir, Paquito.

NIÑO.- ¿Usted conoce ese barrio donde vive la gente de mucho dinero?

CURA.- Sí.

NIÑO.- Pues allí, la gente tiene un tipo de vergüenza. Y aquí en este barrio, donde vivimos los pobres, hay otro tipo de vergüenza.

CURA.- Ya.

NIÑO.- Pues eso.

CURA.- ¿Eso qué?

NIÑO.- *(Se enrolla.)* Que por eso aquí las niñas se tocan el conejo y no dicen nada. Si vivieran en el barrio de ricas seguramente, como son ricas, dirían que les pica el conejo o cosas así. Bueno, yo en realidad no sé si una rica dice que le pica el conejo. Como yo ni soy rica ni soy niña, no sé qué dicen las niñas ricas en estos casos, pero algo deben decir distinto, ¿no?, porque, como dice mi madre que la vergüenza va por barrios, pues eso.

CURA.- ¡Vaya galimatías, Paquito!

NIÑO.- Es que es difícil de explicar.

CURA.- Sí, muy difícil.

NIÑO.- A las mujeres es que es muy difícil entenderlas. Dicen cosas muy raras y hablan a veces como usted… *(Buscando la palabra.)* ¿Cómo decía el otro día que hablaba usted?

CURA.- No sé.

NIÑO.- *(Contento de haber encontrado la palabra.)* En metáforas. Eso. En metáforas.

CURA.- En metáforas.

NIÑO.- Sí.

NIÑO.- Por ejemplo, yo las he oído decir que les duele la regla.

CURA.- *(Alucinando.)* La regla.

NIÑO.- Sí. ¿Y eso de la regla qué es? Las reglas son para medir, ¿no? Digo yo. ¿Por qué dicen que les duele la regla y no tienen ninguna regla? Porque hablan en metáforas. Las mujeres hablan en metáforas.

CURA.- En metáforas.

NIÑO.- Sí, sí. En metáforas. No lo dude, don Francisco. Porque en realidad eso de la regla no es nada, porque no hay reglas. Padre, en realidad, ¿saben lo que quieren decir?

CURAS.- ¿Qué quieren decir?

NIÑO.- El conejo. Que les pasa algo a su conejo.

CURA.- No digas más conejo, Paquito. Di sexo.

NIÑO.- *(Sorprendido.)* ¿Sexo?

CURA.- Sí.

NIÑO.- ¿Sexo? Pero si eso es el chocho.

CURA.- A eso se le llama sexo femenino y lo tuyo es el sexo masculino.

NIÑO.- Pues ahora me entero. Don Francisco, no me imagino yo a la gente diciendo eso. Dicen el conejo o el chocho. Algunas también dicen el chumino. Así nos entendemos, pero si dices el sexo masculino y el sexo femenino no acabas nunca de hablar.

CURA.- Hay que hablar con corrección.

NIÑO.- Vale. Pero el caso es que las niñas dicen cosas muy raras, como la regla cuando no hay regla o algunas también dicen que *(Sonríe, picarón.)* les ha venido un tito de París. Ja, ja.

CURA.- ¿Sí?

NIÑO.- Mi hermana, que es un poco mayor que yo, cuando le duele mucho por ahí abajo *(Duda.)* ... ¿Por el sexo femenino? Dice que ha venido un tito de París.

CURA.- ¡Vaya con tu hermana!

NIÑO.- No, no es solo mi hermana. Todas las niñas un poco grandes dicen lo mismo. *(Sonríe.)* Parece eso una excursión de gente viniendo de París a todas horas. *(Misterioso.)* Además el otro día vi que a una le chorreaba sangre por la pierna.

CURA.- ¿Por la pierna?

NIÑO.- Sí. Decía que se iba a desangrar y se fue corriendo a su casa llorando.

CURA.- Eso no es nada, hombre. A las mujeres cada veinticinco días aproximadamente les baja la regla.

NIÑO.- La regla.

CURA.- Sí.

NIÑO.- ¿Y por qué dice la regla si no hay ninguna regla?

CURA.- No lo sé, Paquito. *(Incapaz.)* No lo sé. Seguramente porque como viene siempre cada veinticinco días…

NIÑO.- Pero si usted tiene diccionario.

CURA.- No todo viene en el diccionario.

NIÑO.- ¡Ah, yo pensaba que todo venía en el diccionario!

CURA.- Pues no.

NIÑO.- Entonces qué hago.

CURA.- ¿Qué haces de qué?

(El NIÑO *se señala hacia abajo, a la bragueta.)*

Nada. No tocarte y ya está. Aguantar al diablo. Tienes que ser fuerte, Paquito. Si no te vas a condenar y se te va a secar el cerebro.

NIÑO.- ¿Y voy a ir al infierno?

CURA.- Claro.

NIÑO.- Yo no quiero ir al infierno. Allí hace mucho calor.

CURA.- Efectivamente.

NIÑO.- *(Angustiado.)* ¿Y no hay otra forma?

CURA.- *(Cansado.)* No, Paquito, no hay otra forma. Resistir al demonio. No tocarse.

NIÑO.- ¿Por qué no le pregunta a Dios?

CURA.- ¿Qué?

NIÑO.- ¿Usted no habla con Dios?

CURA.- Sí.

NIÑO.- Pues pregúntele. Dios es todopoderoso y lo sabe todo. Si él no tiene la respuesta quién la va a tener.

CURA.- Paquito, las cosas no son tan fáciles.

NIÑO.- ¿Y qué penitencia me pone?

CURA.- *(Dubitativo.)* ¿Qué te puse la última vez?

NIÑO.- Tres padrenuestros.

CURA.- Pues venga. Tres padrenuestros.

NIÑO.- Vale, gracias padre.

CURA.- De nada. Puedes ir en paz.

NIÑO.- Demos gracias al señor.

(El NIÑO *se iba pero de pronto se da media vuelta y regresa.)*

Padre, estoy pensando que si a lo mejor le ayudo en misa como monaguillo puedo vencer la tentación y conseguir vencer al sexto mandamiento.

CURA.- ¿Monaguillo?

NIÑO.- Sí. Es que se me ha ocurrido. Hay que ponerle zancadillas al diablo como dice usted.

CURA.- ¿Y qué hacemos con Pepito? Es el que ayuda en misa.

NIÑO.- Yo vengo unos días y él viene otros.

CURA.- *(Duda.)* No sé qué decirte. Bonito es Pepito. Puede liar la de San Quintín por esto, una guerra civil.

NIÑO.- ¿Usted cree?

CURA.- Déjame que lo piense y el próximo día que vengas a confesar te lo digo.

NIÑO.- Vale, don Francisco. Adiós.

CURA.- Adiós, Paquito.

3

(No han pasado ni veinticuatro horas cuando el NIÑO *está de nuevo en el confesionario.)*

CURA.- *(Cansado.)* ¿Otra vez aquí?

NIÑO.- No hay manera, don Francisco. Yo lo intento pero... Además hay otra cosa más.

CURA.- ¿Otra cosa más?

NIÑO.- Sí.

CURA.- *(Paciente.)* A ver, Paquito, cuenta qué ha pasado ahora.

NIÑO.- Que el otro día, cuando me desperté por la mañana tenía los calzoncillos llenos de eso.

CURA.- ¿De eso?

NIÑO.- Sí. De eso que me sale cuando me toco. Pero yo no me había tocado... Bueno, no lo sé, como estaba dormido a lo mejor me toqué dormido y por eso salió. *(Piensa.)* Pero, claro, si me hubiera tocado dormido, me hubiera levantado...

CURA.- ... Se dice me habría levantado... Sigue.

NIÑO.- Me habría levantado con la mano llena de esa gacheta, pero no tenía nada en la mano ni había nada en ningún otro lugar de la sábana. Eso que me ha pasado, don Francisco, qué es. ¿Tengo alguna enfermedad?

CURA.- Gonorrea.

NIÑO.- ¿Gono qué?

CURA.- Gonorrea.

NIÑO.- ¿Y eso es malo? ¿De eso me voy a morir?

CURA.- Es una enfermedad que puede infectar los genitales, el recto y la garganta.

NIÑO.- No me entero, padre. Me está asustando.

CURA.- El pene y el culo, y la garganta.

NIÑO.- ¿Que me voy a poner malo del pene, del culo y de la garganta?

CURA.- Por lo que me has dicho.

NIÑO.- Pero si yo no he hecho nada.

CURA.- *(Quemado.)* Pero como no paras de tocarte, alma de cántaro.

NIÑO.- ¿Y si me dejo de tocar se me quita la gono...?

CURA.- Gonorrea.

NIÑO.- Eso.

CURA.- Sí.

NIÑO.- Es que no sé si voy a poder.

CURA.- Pues tú verás. Te picará el culo, el pene y la garganta. Unos picores terribles.

NIÑO.- *(Cambia de idea.)* ¿Y lo del monaguillo? Seguro que siendo monaguillo se me quita, como estás con Dios todo el día y él te ve. ¡Cómo le vas a hacer un feo a Dios! ¿Ha hablado con Pepito? ¿Se lo ha dicho a Pepito?

CURA.- Sí.

NIÑO.- ¿Y qué pasó?

CURA.- Que no paraba de llorar.

NIÑO.- Pepito es muy egoísta. Quiere tener la exclusiva.

CURA.- Es que como lleva mucho tiempo.

NIÑO.- ¿Y yo? ¿Quiere que me pique el culo, el pene y el cerebro… que se me seque y encima vaya al infierno porque Pepito no llore? *(Indignado.)* Eso no es justo.

CURA.- Veré qué puedo hacer.

NIÑO.- ¿Y qué penitencia me pone?

CURA.- *(Agotado.)* Como el otro día.

NIÑO.- ¿Tres padrenuestros?

CURA.- Sí.

NIÑO.- ¿Y puedo ir en paz?

CURA.- Sí.

NIÑO.- ¿Le damos gracias al Señor?

CURA.- Sí. Muchas gracias, Señor.

NIÑO.- Adiós, padre.

4

(Durante unos días el NIÑO *no ha vuelto a ver al* CURA. *No le ha picado el pene, ni el recto, ni la garganta, de lo que está muy sorprendido porque el* CURA *le había dicho que le picaría. En la biblioteca del colegio ha leído en el diccionario lo que significa gonorrea y no acaba de convencerse de que lo que le dijera el* CURA *fuera correcto. También ha habido rumores en el barrio de que en unos días el* CURA *será trasladado de parroquia. Las lenguas viperinas dicen que es por un asunto de faldas con una viuda de armas tomar. El* NIÑO *está muy triste por este asunto pero, al mismo tiempo, está contento porque ha descubierto que no tiene gonorrea.)*

CURA.- ¿De nuevo el sexto, Paquito?

NIÑO.- Ave María Purísima.

CURA.- Sin pecado concebida. A ver, Paquito, ¿el sexto?

NIÑO.- *(Triste.)* No. No vengo por el sexto.

CURA.- *(Extrañado.)* ¿Lo has logrado, has logrado vencer la tentación?

NIÑO.- He oído que se va.

CURA.- ¿Quién te ha dicho eso?

NIÑO.- El otro día lo escuché a una mujer, en la Puleva. Le

decía a Román, el dependiente, que usted se iba de la parroquia. ¿Eso es verdad?

CURA.- Puede ser que sí. Todavía no es seguro.

NIÑO.- Es que yo no quiero que usted se vaya.

CURA.- No depende de mí. Depende del obispo.

NIÑO.- ¿Y yo puedo decirle al obispo que no se vaya?

CURA.- Me temo que no. Esas decisiones las toma el obispo consultando con Dios.

NIÑO.- ¿Y yo puedo hablar con Dios?

CURA.- Todos podemos hablar con Dios.

NIÑO.- ¡Ah! Yo pensaba que sólo hablaban con Dios los curas.

CURA.- Todas las ovejas pueden hablar con Dios.

NIÑO.- ¡Ah! ¿Yo soy una oveja?

CURA.- *(Sonríe.)* Una buena oveja…, algo descarriada.

NIÑO.- Dios entonces escucha a las ovejas de su rebaño, ¿no es así?

CURA.- Así es.

NIÑO.- Pues menudo lío. ¿Usted sabe el follón que arman las ovejas cuando hablan entre ellas?

CURA.- Sí. Las he oído muchas veces.

NIÑO.- ¿Entonces…, cómo se va a aclarar Dios?

CURA.- ¿Olvidas que Dios es todopoderoso?

NIÑO.- ¡Ah, claro! Es verdad. Lo había olvidado.

CURA.- Así es.

NIÑO.- ¿Y cómo hablo con Dios?

CURA.- Te sientas en un banco de la iglesia y piensas en él. Hablas con el pensamiento.

NIÑO.- ¿Con el pensamiento?

CURA.- Sí.

NIÑO.- Pero eso es muy difícil, yo no sé hablar con el pensamiento.

CURA.- Es fácil, tú lo que quieras decir, en lugar de decirlo lo piensas.

NIÑO.- ¿Así se habla con el pensamiento?

CURA.- Sí.

NIÑO.- Pues voy a hablar con Dios y le voy a decir que no deje que se lo lleven a otra parroquia, que si no me voy a poner muy triste y me van a condenar al infierno y se me va a secar el cerebro.

CURA.- Ya verás como poco a poco vencerás a Lucifer. Tú eres fuerte y vencerás al diablo.

NIÑO.- ¿Y por qué lo cambian de parroquia?

CURA.- No lo sé, pero de vez en cuando nos cambian para que no nos acostumbremos a la gente.

NIÑO.- Pero…

CURA.- ¿Qué?

NIÑO.- Es que yo no quiero que se vaya. Mi madre dice que usted es un cura bueno. Es verdad que de todos no se puede decir lo mismo.

CURA.- Paquito…

NIÑO.- Es verdad.

CURA.- Ya verás como el que venga será igual de bueno o más que yo. Tú tienes que procurar no atentar más contra el sexto y querer mucho a tus padres. Y ser buena persona, generoso, solidario. Así te irá muy bien en la vida.

NIÑO.- ¡Ah! Quería decirle que ya no tengo gonorrea.

CURA.- ¡Qué bien! Me alegro mucho.

NIÑO.- Lo leí en el diccionario. No me ha picado el pene, ni el culo ni la garganta. Lo que he podido leer es que, a veces, cuando uno tiene sueños…

(No sabe cuál es la palabra exacta.)

CURA.- ¿Eróticos?

NIÑO.- Eso. Eróticos, de Eros, el dios del amor. No me acordaba.

CURA.- ¿Qué pasa con Eros?

NIÑO.- Que cuando uno tiene uno sueños eróticos, echas ese líquido, el semen.

CURA.- Sí que has aprendido rápido.

NIÑO.- Sí. Me gusta leer de esas cosas. Me gusta estudiar las cosas del cuerpo y las enfermedades. Cuando sea mayor quiero ser médico.

CURA.- Muy bien, Paquito. Tú eres un chico muy listo.

NIÑO.- Pero usted no estará aquí y estaré triste. No se vaya, don Francisco.

CURA.- Venga, Paquito, no te pongas triste, que ya verás como no me voy.

NIÑO.- ¿Y qué penitencia me pone?

CURA.- Hoy la única penitencia es que te sientes ahí en el banco un rato y hables con Dios.

NIÑO.- *(Contento.)* Y le digo que no se vaya usted.

CURA.- Y le dices que no me vaya.

NIÑO.- ¿Puedo ir en paz?

CURA.- Puedes ir en paz. Demos gracias al Señor.

(El NIÑO *se sienta en un banco de la iglesia y dirige su pensamiento hacia Dios mientras comienza a* CAER EL TELÓN.*)*

LA NIÑA Y EL MENDIGO
QUE LEÍA NOVELAS DE AMOR

Para Andrés, el día que se perdió.

PERSONAJES

NIÑA
MENDIGO
POLICÍA

ACTO ÚNICO

(Es de noche. En el lado derecho del espectador se encuentra un banco de calle iluminado por una farola. A la izquierda se halla la entrada a la Biblioteca Municipal y, justo detrás del banco, la verja que limita el recinto de la Biblioteca. El MENDIGO *está sentado en el banco leyendo gracias a la luz que le llega desde la farola, escasa pero suficiente. Al lado derecho del banco están todas sus pertenencias: un carrito de la compra donde lleva un colchón inflable, el inflador, varios libros y una bolsa de aseo. Es verano y hace calor, aunque durante las noches refresca algo. El* MENDIGO *viste una camiseta blanca de tirantes y un pantalón vaquero de color negro, está muy bien aseado y dista mucho de esos mendigos andrajosos y sucios que se encuentra uno en cualquier lugar de nuestra geografía. Lee una novela de amor: "Aquel mundo perdido" de Melanie Woolf.)*

MENDIGO.- *(Lee.)* "Por aquellos días, Katherine se encontraba en el más elevado de los cielos. Había conseguido aquello por lo que tanto había luchado en su vida y se encontraba realmente feliz, mientras el sol se iba poniendo por el horizonte y las aguas turquesas lamían lentamente sus dedos produciéndole un suave cosquilleo. Aquello era la felicidad, un ligero cosquilleo en los dedos mientras el corazón en calma contempla el horizonte que va desfalleciendo".

(De pronto el MENDIGO *comenzó a llorar. Unas lagrimitas corrieron por sus mejillas. Ensimismado en la lectura y sin que se diera cuenta frente a él se encontraba una niña de unos seis años.)*

NIÑA.- ¿Por qué lloras?

MENDIGO.- *(Saliendo de su sueño y secándose las mejillas.)* ¡Eh, qué susto me has dado! ¿Y tú quién eres?

NIÑA.- Una niña.

MENDIGO.- Ya veo que eres una niña. Si fueras un gato maullarías. Pero veo que eres una niña.

NIÑA.- ¿Por qué lloras? ¿Estás triste?

MENDIGO.- No. Estoy contento.

NIÑA.- ¿Tú lloras cuando estás contento?

MENDIGO.- A veces.

NIÑA.- Yo lloro cuando estoy triste. Por ejemplo, cuando me regaña la señorita Lupe.

MENDIGO.- Yo también.

NIÑA.- ¿Tú también tienes la señorita Lupe?

MENDIGO.- No. Digo que cuando estoy triste lloro.

NIÑA.- Pero me acabas de decir que estás alegre.

MENDIGO.- Sí.

NIÑA.- No entiendo nada. Si lloras cuando estás triste y cuando estás contento, te pasarás todo el día llorando.

MENDIGO.- A veces lloro también de alegría.

NIÑA.- No lo sabía. ¿De alegría también se llora?

MENDIGO.- Sí. A veces. Cuando estás muy alegre, muy alegre, lloras.

NIÑA.- ¡Ah! No sabía. Es que hay muchas cosas que los niños no sabemos.

MENDIGO.- Ya.

NIÑA.- ¿Y qué leías?

(El MENDIGO *le deja el libro y la* NIÑA *lee el título.)*

"Aquel mundo perdido".

MENDIGO.- *(Repite.)* "Aquel mundo perdido".

NIÑA.- ¿Te gusta?

MENDIGO.- Sí.

NIÑA.- A mí también me gusta leer, pero este libro no tiene dibujos. A mí me gustan los libros con dibujos.

MENDIGO.- Claro. Es que eres pequeña.

NIÑA.- Soy grande.

MENDIGO.- ¿Sí?

NIÑA.- Sí. Pequeño es mi hermano César y mi prima Olivia.

MENDIGO.- ¿Cuántos años tienes?

NIÑA.- Seis.

MENDIGO.- Y tu hermano y tu prima tienen menos.

NIÑA.- Sí. Mi prima tiene cinco y mi hermano casi cinco también.

MENDIGO.- ¿Y tú qué haces a estas horas aquí? ¿Por qué no estás en tu casa?

NIÑA.- Es que no sé dónde está la calle. Esta mañana quise hacer una aventura para contársela a mis amigas del cole y comencé a andar y andar y no sé dónde está mi casa.

MENDIGO.- ¿Y no sabes qué nombre tiene la calle?

NIÑA.- No.

MENDIGO.- Podemos ir a la policía y le decimos que busquen a tus padres. Seguro que tus padres estarán buscándote.

NIÑA.- Mi madre seguro, pero mi padre no creo.

MENDIGO.- ¿No?

NIÑA.- No.

MENDIGO.- ¿Por qué?

NIÑA.- Porque está por ahí de viaje. Siempre está de viaje. Cuando yo era más pequeña todavía, no lo conocía. Un día llegó a la casa y tocó en el timbre y yo abrí la puerta.

MENDIGO.- ¿Y qué pasó?

NIÑA.- Pues que le di con la puerta en las narices.

MENDIGO.- *(Se ríe.)* ¿Por qué?

NIÑA.- Me asusté. Pensé que era un ladrón que venía a secuestrarme o a robar. Yo qué sé. No lo conocía. Como soy pequeña.

MENDIGO.- Y tu madre en qué trabaja.

NIÑA.- Limpiando culos a los viejos.

MENDIGO.- ¿Limpiando culos a los viejos?

NIÑA.- Sí.

MENDIGO.- Sí que habrá visto culos de viejos.

NIÑA.- Dice que son muy feos.

MENDIGO.- Los viejos.

NIÑA.- Los viejos y los culos de los viejos. Está harta de limpiar culos de viejos.

MENDIGO.- ¿Y por qué no trabaja en otra cosa?

NIÑA.- No sé, supongo que no sabrá hacer otra cosa.

MENDIGO.- Podría hacer de bombero.

NIÑA.- ¿De bombero? ¿Para que se queme? A mi madre lo que le hubiera gustado es ser artista, como a mi abuela Pilar.

MENDIGO.- ¿Tienes una abuela artista?

NIÑA.- A mí me lo parece porque siempre está bailando con sus amigas y se pone trajes y va a los teatros a bailar.

MENDIGO.- Entonces es una artista.

NIÑA.- Un poco sí.

MENDIGO.- ¿Y tu madre no quiere ser artista?

NIÑA.- Como tiene que limpiar culos.

MENDIGO.- Bueno, pues vamos a ir a ver a la policía para que busque a tus padres.

NIÑA.- Es que yo no quiero ir con mis padres.

MENDIGO.- ¿Por qué?

NIÑA.- Porque están todo el día discutiendo. La verdad es que yo no quise hacer ninguna aventura. La verdad es que no quiero estar en mi casa. ¿Y tú por qué estás aquí? ¿Es que no tienes casa?

MENDIGO.- A mí me gusta vivir en la calle.

NIÑA.- Pero la calle no es ninguna casa.

MENDIGO.- ¿Y los pájaros?

NIÑA.- ¿Los pájaros qué?

MENDIGO.- ¿No viven los pájaros en la calle?

NIÑA.- Pero tú no eres un pájaro.

MENDIGO.- *(Sonríe.)* Soy un pájaro de cuentas.

NIÑA.- ¿Y eso qué es?

MENDIGO.- Si los pájaros pueden vivir en la calle, yo también puedo vivir.

NIÑA.- Me gustaría ser mayor para entender a las personas mayores. Como soy una niña no me entero de casi nada. Es que las personas mayores son muy complicadas y dicen cosas que no se entienden Mi señorita Lupe dice que tengo que ser menos zoquete.

MENDIGO.- ¿Zoquete te dice tu señorita Lupe?

NIÑA.- Sí.

MENDIGO.- Sí tú eres una niña muy lista.

NIÑA.- Ya lo sé, pero ella dice que soy una zoquete.

MENDIGO.- ¿Por qué?

NIÑA.- No sé. A lo mejor es porque como mi madre solo limpia culos de viejos.

MENDIGO.- ¡Ah!

NIÑA.- Eso pasa a veces, que cuando tienes una madre que limpia culos de viejos y no es empresaria o consejera de Agricultura…

MENDIGO.- … ¿Consejera de Agricultura?

NIÑA.- No. Mi madre no es consejera de Agricultura. Eso es lo que le gustaría a la señorita Lupe que fuera consejera de Agricultura, para darse importancia.

MENDIGO.- ¿Quién?

NIÑA.- ¡Quién va a ser, la señorita Lupe!

MENDIGO.- ¡Ah!

NIÑA.- Pero como mi madre es limpiadora de culos por eso piensa que yo soy una zoquete. ¿No sé si usted se está enterando? Los niños es que no sabemos expresarnos bien, como no tenemos palabras. Nos faltan palabras, y para expresar lo que vemos necesitamos palabras. ¿No cree?

MENDIGO.- Veo que eres una niña muy lista.

NIÑA.- Eso lo dirá usted, la maestra se cree que soy una zoquete. Como somos pobres. *(Enfadada.)* A lo mejor la zoquete es ella. *(Orgullosa.)* Mi madre limpiará culos de viejos, pero es muy lista.

MENDIGO.- Seguro que sí.

NIÑA.- ¿Tú conoces a mi madre?

MENDIGO.- No.

NIÑA.- ¿Entonces por qué dices seguro que sí?

MENDIGO.- Porque la madre de una niña tan lista como tú tiene que ser lista.

NIÑA.- ¿Eso crees?

MENDIGO.- Sí.

NIÑA.- Yo no estaría tan segura.

MENDIGO.- ¿Y por qué dices eso?

NIÑA.- Porque si fuera tan lista, no se habría casado con un viajante al que no le ve el pelo en todo la semana.

MENDIGO.- Ya, pero eso pasa en algunas familias.

NIÑA.- ¿Tu padre es viajante también?

MENDIGO.- Yo ya no tengo padre.

NIÑA.- ¿Se ha muerto?

MENDIGO.- Sí. Hace tiempo.

NIÑA.- Lo acompaño en el sentimiento.

MENDIGO.- Gracias. ¿Quién te ha enseñado a decir eso?

NIÑA.- La señorita Lupe.

MENDIGO.- ¡Vaya, eso está muy bien!

NIÑA.- No lo sé, como soy una niña no sé qué quiere decir eso de lo acompaño en el sentimiento.

MENDIGO.- Eso quiere decir que si yo estoy triste porque se ha muerto mi padre, tú, que eres mi amiga, te pones triste también, y por eso me acompañas en mi sentimiento.

NIÑA.- Ya… Pero es que yo no soy su amiga.

MENDIGO.- Es una forma de hablar.

NIÑA.- Ya, pero como no soy su amiga.

MENDIGO.- ¿Y si lo fueras? ¿Me acompañarías en el sentimiento?

NIÑA.- Entonces sí.

MENDIGO.- ¿Ves como lo has entendido?

NIÑA.- Es que soy muy lista, aunque la señorita Lupe diga que soy una zoquete.

MENDIGO.- Veo que no te cae muy bien la señorita Lupe.

NIÑA.- No.

MENDIGO.- ¿Porque te llama zoquete?

NIÑA.- No. No le guardo rencor por eso. A mí me da igual que me diga zoquete porque yo sé que no soy zoquete. No me cae bien porque no ríe nunca. Siempre está triste.

MENDIGO.- Ya. ¿Y por qué está siempre triste?

NIÑA.- No sé a lo mejor es que tiene una mamá que no habla ni paula.

MENDIGO.- Esa expresión no la había oído desde que era pequeño.

NIÑA.- ¿No habla ni paula?

MENDIGO.- Sí.

NIÑA.- No sé lo que quiere decir. Mi abuela Pilar la dice mucho.

MENDIGO.- La bailarina.

NIÑA.- Sí. Seguramente quiere decir que no habla nada de nada la madre de mi señorita Lupe.

MENDIGO.- ¿Y por qué no habla?

NIÑA.- Mi mamá dice que tiene alzhéimer.

MENDIGO.- ¿Alzhéimer?

NIÑA.- Eso dice mi mamá.

MENDIGO.- ¿Y tú sabes que es eso?

NIÑA.- ¿El qué?

MENDIGO.- El alzhéimer.

NIÑA.- Si te lo estoy diciendo, que no habla.

MENDIGO.- Ya.

NIÑA.- ¡Ah, y tampoco sabe quién es ella ni su hija, ni nadie! Por eso no habla ni paula.

MENDIGO.- Por eso está triste.

NIÑA.- A mí me gustaría que riera mucho y nos contara aventuras, y que nos enseñara a leer bien. Pero como es tan triste la puñetera.

MENDIGO.- ¿La puñetera?

NIÑA.- *(Ríe.)* Eso dice mi abuela Pilar. La puñetera. A mí me hace mucha gracia esta palabra.

MENDIGO.- ¿Y para ti por qué es puñetera?

NIÑA.- *(Ríe.)* ¿Por qué hace puñetas?

MENDIGO.- Exacto.

NIÑA.- Eso es lo que dice mi abuela pero no sé lo que son puñetas.

MENDIGO.- ¿Las puñetas?

NIÑA.- Sí.

MENDIGO.- El encaje de los puños.

NIÑA.- Pues no entiendo nada.

MENDIGO.- ¿Sabes lo que es un puño de una camisa?

NIÑA.- Sí.

MENDIGO.- Pues cuando los puños de la camisa se hacían con encajes. ¿Sabes lo que es un encaje?

NIÑA.- No.

MENDIGO.- Aquí se refiere a un puño con colores, flores, dibujos.

NIÑA.- Eso es muy complicado. Cada vez que me dice una cosa nueva no entiendo la siguiente. Las personas mayores son muy complicadas.

MENDIGO.- Sí que los somos.

NIÑA.- Los niños no.

MENDIGO.- No. ¿Y por qué le dices entonces a la señorita Lupe que es puñetera?

NIÑA.- Porque es una mujer con muchos problemas y triste.

MENDIGO.- Pues lo has entendido perfectamente.

NIÑA.- *(Contenta.)* ¡Ah! Es que soy muy lista; además tú si me explicas las cosas bien. Estoy muy contenta contigo. ¿No quieres ser tú mi seño?

MENDIGO.- ¿Tu seño?

NIÑA.- Sí. Mi seño no, porque tú eres un hombre. Quiero decir mi maestra.

MENDIGO.- Es que yo no soy maestro.

NIÑA.- ¿Y qué eres?

MENDIGO.- Nada.

NIÑA.- *(Se ríe.)* ¡Qué gracioso!

MENDIGO.- *(Sonríe también.)* ¿Por qué soy gracioso?

NIÑA.- Porque dices que no eres nada.

MENDIGO.- Es que no soy nada.

NIÑA.- Si no fueras nada, serías una lechuga.

MENDIGO.- ¿Una lechuga?

NIÑA.- *(Riendo.)* Sí *(Lo ve que duda. Bromeando.)* Que no existirías, tonto.

MENDIGO.- Llevas razón. Quiero decir que no tengo ningún trabajo, ninguna profesión.

NIÑA.- Tú entonces vives del cuento.

MENDIGO.- Más o menos.

NIÑA.- A mí también me gustaría vivir del cuento.

MENDIGO.- ¿Y qué es para ti vivir del cuento?

NIÑA.- Pues estar aquí como tú, en la calle, debajo de una farola leyendo un libro, y hablando.

MENDIGO.- ¡Ah!

NIÑA.- ¿Y tú no comes?

MENDIGO.- ¿Tienes hambre?

NIÑA.- Sí. Como llevo todo el día por ahí de aventura, no he comido nada y me duele la tripita. No sabía yo que la aventura diera tanta hambre. ¿No tienes un bocadillo de jamón con tomate y aceite?

MENDIGO.- ¿Vaya, todo eso quieres?

NIÑA.- Sí. Pan tumaca.

MENDIGO.- Veo que hablas idiomas.

NIÑA.- Sí. Como mi abuela Pilar es catalana, dice mucho eso.

MENDIGO.- ¡Vaya con tu abuela Pilar lo que da de sí! *(Bus-*

cando en el carrito.) Voy a ver si tengo aquí algo para ti. Mira, aquí tengo una manzana. ¿Te gustan las manzanas?

(La NIÑA *pone cara de desilusión. El* MENDIGO *le da la manzana y la* NIÑA *la mordisquea algo desganada mientras habla.)*

NIÑA.- No mucho, pero como tengo tanta hambre soy capaz de comerme a un tío cagando.

MENDIGO.- ¿A un tío cagando?

NIÑA.- Sí. Eso dice mi madre cuando tiene mucha hambre. Dice que se comería a un tío cagando.

MENDIGO.- ¡Vaya!

NIÑA.- Como está todo el día limpiando culos a los viejos, a lo mejor es por eso.

MENDIGO.- ¡Ya!

NIÑA.- Digo yo. La verdad es que no lo sé. Las personas mayores tienen un trago para entenderlas.

MENDIGO.- ¿Tienen un trago?

NIÑA.- Sí. Eso dice mi padre.

MENDIGO.- ¿Es bebedor tu padre?

NIÑA.- No. Mi padre no bebe nada… Bueno, sí, bebe agua mineral con gas y un poco de limón.

MENDIGO.- ¡Ah!

NIÑA.- Dice que el agua mineral con gas y limón resucita a un muerto.

MENDIGO.- ¡No me digas!

NIÑA.- Sí. Pero la verdad es que yo no he visto nunca resucitar a ningún muerto. Eso es mentira. Los muertos no resucitan.

MENDIGO.- ¿Y Jesús?

NIÑA.- ¿Qué Jesús?

MENDIGO.- Jesús de Nazareth.

NIÑA.- No sé de quién me hablas.

MENDIGO.- Jesucristo.

NIÑA. ¿Qué le pasa?

MENDIGO.- Que si sabes quién es.

NIÑA.- Claro. ¿No te creas que soy atea?

MENDIGO.- ¿Te enseñan religión cristiana?

NIÑA.- La seño Cloti. La seño Cloti es otra seño, ¿sabes?

MENDIGO.- ¿Te habla de Jesucristo?

NIÑA.- Sí.

MENDIGO.- ¿Y no os dice que resucitó al tercer día?

NIÑA.- Sí, pero es que la seño Cloti es muy mentirosa.

MENDIGO.- No te lo crees.

NIÑA.- La verdad es que no porque dice que su marido la quiere mucho y yo he visto a su marido en el parque dándose besos con otra.

MENDIGO.- Ya.

NIÑA.- Así que a mí con ese cuento de Jesucristo nada de nada. A otro perro con ese collar.

MENDIGO.- Querrás decir a otro perro con ese hueso.

NIÑA.- ¿Con ese hueso?

MENDIGO.- Sí.

NIÑA.- A mí me gusta decir con ese collar. Como soy pequeña.

MENDIGO.- Ya. Veo que dices muchas expresiones de mayores.

NIÑA.- Sí.

MENDIGO.- ¿Te gustan cómo hablan los mayores?

NIÑA.- No.

MENDIGO.- ¿Entonces?

NIÑA.- ¿Entonces qué?

MENDIGO.- Que dices muchas cosas de mayores.

NIÑA.- Como estoy todo el día con mayores, mi abuela Piai...

MENDIGO.- ... ¿Piai?

NIÑA.- *(Se echa a reír.)* Sí. Bueno es así como la llama mi hermano César. Como es pequeño no sabe decir Pilar y dice Piai.

MENDIGO.- Y estás todo el día con mayores, ¿no es así?

NIÑA.- Sí. Por eso aprendo cosas de mayores, pero la mitad no las entiendo.

MENDIGO.- Ya las entenderás cuando seas grande.

NIÑA.- ¿Y cómo vives del cuento?

MENDIGO.- Bien.

NIÑA.- ¿Y dónde duermes?

MENDIGO.- En la calle.

NIÑA.- ¿En la calle, como los pájaros?

MENDIGO.- Sí.

NIÑA.- ¿Y no temes que te roben?

MENDIGO.- No.

NIÑA.- ¿Por qué?

MENDIGO.- Porque no tengo nada.

NIÑA.- Claro. Si no tienes nada cómo te van a robar. ¡Qué zoquete soy! A lo mejor va a llevar razón la seño Lupe.

MENDIGO.- Sí tengo algunas cosas. *(Señala.)* Aquí en el carrito de la compra.

NIÑA.- *(Curiosa.)* Enséñamelas.

(El MENDIGO *se las va mostrando: un colchón inflable, un inflador, algunos libros, unas cuantas manzanas y la bolsa de aseo.)*

MENDIGO.- ¿Te gustan?

NIÑA.- ¿Ese colchón lo inflas con el inflador y duermes ahí?

MENDIGO.- Sí. En el suelo.

NIÑA.- ¿Y cuándo hace mucho frío?

MENDIGO.- Me meto en los cajeros de los bancos.

NIÑA.- *(Inocente.)* ¿Dentro del cajero?

MENDIGO.- *(Sonríe.)* No. Fuera del cajero, en ese lugar que está cerrado.

NIÑA.- *(Sorprendida.)* Ah, pensé que te convertías en Peter Pan y te metías en el cajero.

MENDIGO.- No. Todavía no me puedo convertir en Peter Pan.

NIÑA.- ¿Y por qué en el cajero? Allí se está más caliente porque hay dinero, ¿no?

MENDIGO.- *(Sonríe.)* No, no. Es que allí hace más calor.

NIÑA.- Pues no sé ya si me gusta a mí ser mendiga como tú y vivir del cuento en la calle. El otro día me dijo mi abuela Piai, bueno Pilar, que quemaron a un viejo en un cajero. Que estaba el viejo dormido allí. A ese viejo mi mamá no le limpiaba el culo. Como era pobre. Total, que quemaron al viejo.

MENDIGO.- No me digas eso que me asustas.

NIÑA.- Yo te lo digo por tu bien.

MENDIGO.- Ya.

NIÑA.- ¿Por qué no te vas a dormir a la Iglesia?

MENDIGO.- ¿A la iglesia?

NIÑA.- Allí estás con Jesús.

MENDIGO.- Es que no soy creyente.

NIÑA.- Yo tampoco soy catalana, *escolta, y parlo el català molt bé*.

MENDIGO.- ¡Vaya! También veo que hablas catalán.

NIÑA.- Me lo ha enseñado mi abuela Piai.

MENDIGO.- ¿La catalana?

NIÑA.- Bueno, sí y no exactamente.

MENDIGO.- ¿Cómo sí y no?

NIÑA.- Antes he dicho que es catalana pero no lo es. Como vivió en Cataluña yo digo que es catalana. Vivió de pobre y aprendió muchas palabras. Es que los pobres somos muy listos. Como somos pobres.

MENDIGO.- Ya.

NIÑA.- *Per això*.

MENDIGO.- Tú lo que tienes que hacer es estudiar y…

NIÑA.- … Y hacerme una niña de provecho.

MENDIGO.- Eso.

NIÑA.- Eso es lo que dice mi abuela Piai. Tienes que estudiar y hacerte una niña de provecho.

MENDIGO.- Así es.

NIÑA.- ¿Y tú no te hiciste un niño de provecho?

MENDIGO.- Es una historia muy larga.

(El MENDIGO *observa que la* NIÑA *se ha comido ya la manzana.)*

¿Quieres otra manzana?

NIÑA.- Se me va a hacer entonces un tapón en el culo.

MENDIGO.- ¡Vaya!

NIÑA.- Sí. Mi madre dice que si comes más de una manzana se te forma un tapón en el culo.

MENDIGO.- *(Sonríe.)* Tu madre es experta en culos.

NIÑA.- *(También sonríe.)* Sí. Como está todo el día limpiando la caca de los viejos. ¡Qué asco!

MENDIGO.- Ya.

NIÑA.- Cuéntame tu historia larga. A mí me gusta mucho que me cuenten historias. ¿No te importa que te haga compañía?

MENDIGO.- Sí que me importa.

NIÑA.- ¿Por qué?

MENDIGO.- Porque llevas todo el día perdida, sin comer y, como te vea alguien hablando aquí con un mendigo como yo van a pensar que te he secuestrado.

NIÑA.- Pero tú no me has secuestrado. Tú eres muy bueno.

MENDIGO.- Ya. Eso lo dices tú, pero la mayor parte de la gente dirá que soy un pederasta que he secuestrado a una niña.

NIÑA.- ¿Un qué?

MENDIGO.- Un pederasta.

NIÑA.- ¿Y eso qué es?

MENDIGO.- Una persona que tiene inclinación erótica hacia los niños o abusa sexualmente de ellos.

NIÑA.- *(Estupefacta.)* Ahora sí es verdad que me he perdido del todo. No he entendido absolutamente nada de lo que me has dicho. Como no me lo expliques en cristiano.

MENDIGO.- Que van a decir que te hago cosas feas y malas.

NIÑA.- Pero si a mí me gusta estar contigo. Me gustaría que fueras mi papá.

MENDIGO.- Yo soy un mendigo y los mendigos no queremos ser papás.

NIÑA.- ¿No te gustaría tener a una niña tan mona como yo?

MENDIGO.- *(Serio.)* No.

NIÑA.- Pues ahora sí que me voy a poner triste.

(De pronto se acerca un POLICÍA. *Se dirige al* MENDIGO.*)*

POLICÍA.- ¡Documentación!

MENDIGO.- ¿Docu qué?

POLICÍA.- Documentación.

NIÑA.- *(Modosita.)* Señor policía este mendigo es un pederasta.

MENDIGO.- ¿Qué?

POLICÍA.- ¿Es usted un pederasta? ¿Tiene secuestrada a esta niña?

MENDIGO.- ¡Qué tonterías está usted diciendo!

POLICÍA.- *(Amenazador.)* No conteste así a la autoridad que le arreo.

NIÑA.- Es una broma, señor policía. ¿Cómo va a ser un pederasta este señor?

POLICÍA.- Nada de bromitas conmigo, ¡eh, niña! ¿Y tú qué haces a estas horas en la calle?

NIÑA.- Jugando.

POLICÍA.- ¿Jugando a qué?

NIÑA.- No sé. Al pilla-pilla. *(Toca al* POLICÍA *y sale corriendo.)* La llevas.

POLICÍA.- *(Para sí.)* ¡Vaya nochecita que me espera! *(A la* NIÑA*.)* Deja de jugar, niña. Esto no es un juego de niños. Esto es un asunto serio.

MENDIGO.- Pero si no estoy haciendo nada.

POLICÍA.- Eso lo dirá usted.

MENDIGO.- ¿A ver qué estoy haciendo: leyendo un libro y hablando con una niña?

POLICÍA.- ¿Le parece normal eso? *(Levantando la voz.)* ¿Le parece normal a un mendigo leyendo? ¿Le parece normal eso? ¿A cuántos mendigos ha visto usted leer?

MENDIGO.- A ninguno.

POLICÍA.- ¡Vaya, menos mal, veo que me da la razón! ¿Y a cuántos mendigos hablando con una niña a la una de la mañana ha visto usted?

MENDIGO.- A ninguno.

POLICÍA.- Gracias, hombre, por darme la razón. Veo que esta noche no voy a casa hasta las tantas por culpa de ustedes. En menudo marrón me han metido.

MENDIGO.- ¡Haga la vista gorda y pelillos a la mar!

NIÑA.- Eso. Pelillos a la mar.

POLICÍA.- ¿Y tú qué sabes qué es pelillos a la mar?

NIÑA.- Pues eso. *(Sonriendo.)* Si lo está diciendo usted. Pelillos a la mar.

POLICÍA.- Niña, déjate de "recanilorias" a las tantas de la noche, que todavía ni he cenado.

NIÑA.- ¿Y esa palabra qué es?

MENDIGO.- ¿Quiere una manzana?

POLICÍA.- ¿Una manzana?

NIÑA.- Están muy buenas.

POLICÍA.- Seguro que están envenenadas.

MENDIGO.- No diga tonterías.

NIÑA.- No están envenenadas, hombre, yo me he comido una. Eso es en el cuento de La Bella Durmiente. Este policía se ha equivocado de cuento.

POLICÍA.- *(Observa bien al MENDIGO.)* ¿Usted por qué es tan raro?

MENDIGO.- ¿Yo, raro?

POLICÍA.- ¿Desde cuándo ha visto usted a un mendigo tan limpio y repeinado?

MENDIGO.- Es raro, sí. Pero haberlos, haylos, como las brujas.

NIÑA.- A mí me gustan mucho las historias de brujas.

POLICÍA.- Déjate de historias, niña, menuda historia esta: un mendigo y una niña a la una de la mañana hablando de tonterías y yo con el hambre que tengo que me voy a caer desmayado. *(Le pregunta al MENDIGO.)* ¿Y usted no tendrá por ahí en ese carrito de la compra un bocadillo de jamón con tomate y aceite?

NIÑA.- Eso mismo le he preguntado yo. Que si tiene *pan tumaca*.

POLICÍA.- Niña, en mi presencia se habla en español. Nada de catalanes o te encarcelo.

NIÑA.- ¿Por qué se enfada conmigo? Yo no he hecho nada. Solo que eso se dice así en catalán. Como mi abuela Pilar es catalana sabe muchas cosas en catalán.

POLICÍA.- ¿Catalana? Lo que me faltaba.

NIÑA.- Bueno, en realidad charnega, pero sabe catalán y dice *Per tant, Amb el cor a la mà, Any de la picor, agafar una paperina, aixecar la camisa…*

POLICÍA.- ¡*Chate*, niña! A esta niña le han dado cuerda. Pues no me va a amargar la noche, la niñata.

NIÑA.- Yo no soy ninguna niñata.

POLICÍA.- *(Sin hacerle caso. Al MENDIGO.)* Documentación.

(El MENDIGO le entrega la documentación y el POLICÍA lee.)

Usted a qué se dedica.

MENDIGO.- Soy ingeniero en Telecomunicaciones.

POLICÍA.- *(Sonriendo.)* ¡Y yo comandante de Aeroflot. No te jode el mendigo!

MENDIGO.- Lo puede comprobar. Llame y pregunte. Tiene mis datos.

POLICÍA.- No me joda, hombre. Que es la una de la madrugada y estoy muerto de hambre.

MENDIGO.- ¿Y qué hago con usted?

NIÑA.- Pelillos a la mar.

MENDIGO.- ¡Cómo pelillos a la mar! *(A la NIÑA.)* ¿Y tú que haces aquí?

NIÑA.- Me perdí. No sé dónde vivo y me encontré a este mendigo y estábamos hablando.

POLICÍA.- ¿Así que eso es todo?

MENDIGO.- Todo.

POLICÍA.- ¿Y no hay nada de pederastia?

MENDIGO.- Nada.

POLICÍA.- Por esta vez lo voy a creer porque tiene usted cara de buena persona y con ese repeinado que lleva, y la bolsa de aseo y leyendo… Y lo que dice la niña. Bueno. *(Condescendiente.)* Por esta vez voy a pasar del tema… Ojo, y porque tengo un hambre que me muero. También. Pero si no, esta noche iba a dormir en el cuartelillo. *(Dirigiéndose a la* NIÑA.*)* Y tú, niña, vente conmigo. Que estará tu madre hecha un basilisco.

NIÑA.- Y eso qué es.

POLICÍA.- *(La coge de la mano.)* Cabreada, niña, cabreada.

(Y mientras la NIÑA *se despide del* MENDIGO *diciéndole adiós con la mano va bajando el* TELÓN.*)*

EL ESPEJO

PERSONAJES

HOMBRE
ESPEJO

ACTO ÚNICO

(Un HOMBRE *habla consigo mismo delante del* ESPEJO.*)*

HOMBRE.- Y ahora ¿qué?
ESPEJO.- Y ahora ¿qué?
HOMBRE.- Sí, di. Ahora ¿qué?
ESPEJO.- Sí, di. Ahora ¿qué?
HOMBRE.- Eso lo he dicho yo.
ESPEJO.- Eso lo he dicho yo.
HOMBRE.- Pero yo he hablado primero.
ESPEJO.- Pero yo he hablado primero.
HOMBRE.- ¿Que te crees muy gracioso, no?
ESPEJO.- ¿Que te crees muy gracioso, no?

(El HOMBRE *hace como que se esconde. Su imagen ahora no aparece en el* ESPEJO, *pero de pronto asoma la cabecilla por él. El* HOMBRE *va y viene jugando con el* ESPEJO *a salir y no salir.)*

ESPEJO.- *(Harto.)* ¡Gilipollas!

(El HOMBRE, *que en ese momento estaba fuera de la imagen que proyecta de él el* ESPEJO, *acude sorprendido y comienza a mirarse fijamente en él con cara de pocos amigos.)*

HOMBRE.- ¿Tú has dicho, gilipollas?
ESPEJO.- ¿Tú has dicho, gilipollas?
HOMBRE.- Ya volvemos a las andadas.
ESPEJO.- Ya volvemos a las andadas.
HOMBRE.- Pero tú, antes, cuando no estaba yo reflejado, me has dicho gilipollas.
ESPEJO.- Pero tú, antes, cuando no estaba yo reflejado, me has dicho gilipollas.

(Comienza a mirar desde distintos ángulos al ESPEJO. *En silencio se burla de él. Comienza a hacer gestos y mohínes diversos: un corte de mangas, le pone los cuernos... Pero de pronto cambia de humor y se pone triste, deprimido, comienza a llorar.)*

HOMBRE.- Yo estoy solo y quiero que seas mi amigo.
ESPEJO.- Yo estoy solo y quiero que seas mi amigo.
HOMBRE.- ¿Tú también estás solo y necesitas un amigo?
ESPEJO.- ¿Tú también estás solo y necesitas un amigo?
HOMBRE.- (...)
ESPEJO.- Sí.
HOMBRE.- *(En una simbiosis de extrañamiento y alegría.)* ¿Me has hablado, eres alguien?
ESPEJO.- ¿Me has hablado, eres alguien?
HOMBRE.- Ya volvemos otra vez a las andadas.
ESPEJO.- Ya volvemos otra vez a las andadas.
HOMBRE.- Es inútil hablar con un espejo.
ESPEJO.- Es inútil hablar con un hombre.

HOMBRE.- ¡Eh, alto ahí, tú no eres yo!

ESPEJO.- ¡Eh, alto ahí, tú no eres yo!

HOMBRE.- Tú has dicho que es inútil hablar con un hombre. Te he escuchado, has dicho hombre.

ESPEJO.- Tú has dicho que es inútil hablar con un hombre. Te he escuchado, has dicho hombre.

HOMBRE.- *(Incapaz.)* Tú te ríes de mí.

ESPEJO.- Tú te ríes de mí.

HOMBRE.- Yo no, tú.

ESPEJO.- Yo no, tú.

(Se queda mirándolo con los ojos de odio. Desaparece y se marcha. Vuelve al cabo con un martillo. Lo golpea y lo rompe.)

HOMBRE.- *(Cachondo.)* Y ahora repite conmigo: Espejito, espejito, quién es el espejito más jodido del mundo.

ESPEJO.- *(Con la voz quebrada, como el de una persona a punto de encontrar la muerte.)* Yo… yo… yo…

YO

PERSONAJE

YO

ACTO ÚNICO

(YO se dirige hacia el patio de butacas y habla al público asistente. Viste una camisa blanca y unos pantalones vaqueros. Lleva un micrófono incorporado. Su voz, en ocasiones vehemente, en otras más calma, transita por diversos matices tonales hasta llegar al éxtasis. Los matices se suceden y junto a la racionalidad surge un discurso que el público percibe indescifrable.)

YO.- Todos lo sabéis, todos lo sabéis. ¿Y qué sabéis? ¿Qué sabéis? Os preguntáis. Lo sabéis todo. ¿Qué más os puedo decir? Vosotros conocéis vuestros males. Yo también, y comparto vuestro dolor. Sé que sufrís. Lo sé. Todos los sabemos. Pero debéis saber también que otros muchos compartimos vuestro dolor, vuestra incertidumbre, vuestra rabia callada. Durante mucho tiempo habéis estado callando y ahora es la hora de hablar. Necesitáis manifestar vuestras sensaciones porque si no lo hacéis os vais a pudrir. Los males han de ser expresados, han de ser debatidos y han de ser solucionados. Y para ello yo apelo a todos. Vosotros los podéis solucionar. Y, si me dais vuestra fuerza, yo os ayudaré a salir del atolladero. Saldremos del trance. La solución está ahí afuera *(Señala la calle.),* pero debemos ser capaces de comenzar a solucionar los problemas aquí. Vosotros me dais la fuerza para hacerlo. *(Se dirige a alguien del público.)* ¿Usted me da su fuerza? *(Antes de que responda.)* Sí. Por supuesto. Claro que sí me la da. ¿Cómo no me va a dar su fuerza? Yo estoy aquí para ayudar, para resolver vuestros problemas, pero no porque me crea nadie en especial. Yo soy uno más de vosotros. Yo soy vosotros. Soy vuestro. No me considero nadie especial. *(Pensativo.)* Bueno, sí soy alguien especial. Cualquiera de vosotros no serviría para estar aquí. No todo el mundo serviría. Para estar aquí se necesitan agallas. Yo las tengo. Tengo las agallas suficientes para resolver vuestros problemas. Pero ¿sabéis por qué? *(Antes de que nadie responda.)* No me lo digáis. Yo os lo voy a decir. Porque vosotros me dais el impulso. Vosotros tenéis la convicción moral que a mí llega como una exhalación. Y yo estoy dispuesto a llevar a cabo el mandato. A sacrificarme por vosotros. Soy vuestro manumisor. Y alguien de vosotros dirá ¿cómo actuar? *(Le pregunta a alguien del público.)* ¿Usted preguntaría eso? *(Antes de que responda.)* No lo diga. Lo sé. Sé lo que me va a decir. Lo leo en sus ojos. Actuaré con la fuerza de la convicción, pero sobre todo actuaré con la fuerza que me dais vosotros y vosotras. Vuestra fuerza es la mía. A mí me llega, la siento. Es como si se hubiera producido una comunión entre vosotros y yo. Son vasos comunicantes a través de los que llegan vuestra desolación, vuestra tristeza, vuestro desconcierto, vuestra necesidad de cambiar el mundo. *(Pregunta al público.)* ¿Queréis cambiar el mundo? *(Grita.)* ¿Queréis cambiar la realidad? *(Antes de que nadie responda, lo hace él mismo.)* ¿Cómo no vais a querer cambiar la realidad? ¿Cómo no vais a querer cambiar el mundo? El mundo os pertenece. La realidad os pertenece y tenéis el derecho y la obligación de cambiarla y dejarle a vuestros descendientes un mundo mejor, un mundo donde los desarrapados de la tierra, los que nunca han tenido nada, tomen las decisiones, sean los baluartes que construyan una nueva dignidad. ¿Vosotros queréis construir esa nueva dignidad? *(Nadie responde. Solo uno levanta la mano. Pero no le hace caso.)* ¿Queréis ser los que cambien el mundo? ¿Queréis ser los promotores de una nueva historia de la humanidad? *(Dirigiéndose al que levanta la mano.)* Sí, amigo, claro que quiere decir eso. Lo veo en sus ojos. Construiremos una nueva cultura, un nuevo mundo donde triunfe la bondad y la sensibilidad, la paz y el buen humor. ¿Y alguien se preguntará el buen humor? Sí. El buen humor. Siempre hay que tener buen humor. Señoras, caballeros. *(Mira a alguien del público.)* Disculpen que les llame caballeros, es que todavía no los conozco bien. Saben aquel que dice: iban en una avioneta dos tripulantes directos contra el suelo y uno de ellos le pregunta al otro: ¿mi capitán, tomaremos tierra? Y respondió el capitán: te vas a hartar. Sé que es malo, pero aquel del final se está riendo. Siempre hay alguien que se ríe. ¿No me dirán que no tiene gracia? *(Se dirige a alguien.)* ¿A usted no le ha gustado el chiste? *(Antes de que responda.)* No. Ya se lo digo. No le ha gustado el chiste. Lleva usted razón. No tiene mucha gracia. A mí me lo contaron el otro día y dije: bueno, no está mal pero le falta algo. Sin embargo, lo que cuenta es la intención. Hay que desdramatizar. Ustedes se quejan. ¿De qué se quejan? ¿Han visto alguna vez a un pobre? *(Levantan todos la mano.)* Bueno, ya lo sé. Sé que han visto muchos pobres. ¿Y eso qué demuestra? No tienen que ser tan susceptibles. Pero… ¿a ver si son tan agudos para responderme esta? ¿Cuántos pobres hay aquí? *(No levantan ni una mano.)* ¿Lo ven? Ustedes no son pobres. No quieren reconocer que son pobres aunque lo sean. Ustedes son personas decentes. Yo quiero que estén contentos, porque la gente que ríe, que está contenta, que está optimista puede resolver su vida, su existencia. ¿La guerra? No. No me aceptaron en el ejército, fui declarado inutilísimo. En caso de guerra, solo valdría como prisionero. Ahora se pueden reír. Este es mejor. ¿La violencia? Nunca. Pero es verdad que alguien dijo alguna vez que la única manera de ser feliz es que te guste sufrir. ¿Lo entendéis? Que levante la mano quien no lo entienda. *(Todos levantan la mano.)* Veo que hay mucha connivencia. Ustedes se ponen de acuerdo con mucha facilidad. Pero la vida es maravillosa, mientras no lo discuta el ministro de Hacienda. *(Todos agachan la cabeza.)* ¿No piensan que la vida es maravillosa? *(Siguen con la cabeza agachada.)* Me asusta tanta unanimidad. Mi forma de bromear es decir la verdad. Es la broma más divertida. Pero solo el diálogo nos llevará al encuentro. A todo se ha de llegar por la paz, por el coloquio. Por la resistencia. Y alguien podría decir: ¿y si por el diálogo y la no violencia no se convence nadie? Hombre, en esas circunstancias, si después de haber estado… *(Piensa.)* No sé, un día, dos, tres… un año, dos años, diez años. Pues si durante todo este tiempo no hace caso. Yo habré demostrado que tengo paciencia. *(Hace especial énfasis en sobre.)* Amaos los unos sobre los otros. Yo creo que la vida está dividida entre lo horrible y lo miserable. Lo horrible son los enfermos incurables, los ciegos, los tullidos… No sé cómo pueden soportar la vida, me parece asombroso. Los miserables somos todos los demás. Así que al pasar por la vida deberíamos dar gracias por ser miserables. Pero siempre nos quedará la paz, para seguir sufriendo. Y es que la paz es muy dura de roer. ¿No les parece? *(Alguien parece que quiere hablar.)* Dígame, criatura. *(Antes de que lo haga.)* Sí, ya sé lo que me va a decir, que no siempre sucede. Es verdad que hay músicas que te ponen de los nervios. Si estamos más de media hora escuchando a Wagner seguro que le dan a uno ganas de invadir Polonia. Ahí te quería yo ver. ¡Qué música, Wagner! ¿Quién ha dicho algo de *El anillo de los nibelungos*? Aunque haya cuerpos pequeños pero encendidos por una inquebrantable fe en su misión, se puede alterar el curso de la historia. Ya sabemos que primero nos ignoran y luego se ríen de nosotros, y después luchan contra ti. ¡Cuánto más conozco a los seres humanos más quiero a mi perro! Pero ¿cómo vamos a cambiar la realidad si no nos matamos? Somos muchos. No cabemos. Hay que aniquilar a los que no piensan como nosotros. Solo podremos llegar a algo si todos pensamos igual. Si no, siempre habrá traidores que quieran invadirnos. ¿No les parece? *(Va subiendo el tono.)* Todos los hombres son mortales, pero que unos sean antes que otros. *(Ríe.)* ¿No les parece gracioso? Los veo muy apáticos. Ustedes necesitan que los calienten con unos cuantos muertos. ¿Quién no está de acuerdo conmigo? *(Alguien levanta la mano y, de pronto, se oye una ráfaga de ametralladora que lo mata.)* ¿Lo ven? Arreglar los problemas es fácil. Solo necesitamos unos cuantos muertos más. ¿Quién se apunta? El noventa por ciento del éxito está en insistir. Quizá la más grande y mejor lección de la historia es que nadie aprendió las lecciones de la historia. ¿No lo creen así? El que levante la mano ya sabe lo que le espera. Cuando se desencadena una guerra lo importante no es tener razón, sino ganar. Y es que el más fuerte tiene derecho a prevalecer sobre el más débil. Así podremos ejercer la violencia con razón. Porque... vamos a ver ¿la paciencia tiene un límite? *(Pregunta a alguien.)* Amigo, ¿la paciencia tiene un límite? *(El preguntado se queda con cara de lelo.)* No se preocupe, yo respondo por usted. No olvide que yo tengo todas las preguntas, pero también tengo todas las respuestas. Si no, no me habrían puesto aquí. Son ustedes los que creen en mí, los que me han puesto aquí. Los números me santifican. Yo no he llegado del barro. Son ustedes los que me han elegido y los números están ahí y han de saber que si matas a uno te llamarán criminal, pero si matas a muchos te harán héroe. Los números cantan. Yo quiero ser vuestro héroe. Sé que me necesitáis y no quiero arrepentirme de haber sido tan bueno con vosotros. Solo quiero vuestro bienestar. Pero *Si vis pacem para bellum*. Y es que el grito de una ametralladora de doce pulgadas es mucho más penetrante que el siseo de mil periódicos. Pero ojo por ojo solo puede dejar a todo el mundo ciego. Amigos, nadie me hará daño sin mi permiso. Nadie. Me podrán matar mi cuerpo pero no mi mente. La fuerza solo conduce al sinsentido. La fuerza no viene de una capacidad física sino de una voluntad indomable. Pero sin sentido del humor hace tiempo que me hubiera suicidado. Y todo esto es para llegar a la eternidad. ¡Qué larga se nos hace! Mientras tanto haz el amor y no la guerra. Pero es verdad que para evitar el sufrimiento no se debe amar, pues entonces se sufre por no amar; de modo que amar es sufrir y no amar es sufrir, y sufrir es sufrir. Una tautología perfecta. Si para ser feliz hay que amar, para ser feliz hay que sufrir, pero sufrir hace a uno infeliz, por lo tanto para ser infeliz uno debe amar o amar para sufrir o sufrir de tanta felicidad... Esto tiene mucho lío. El amor aumenta la tensión, es mejor que hagan sexo, que la alivia. La realidad es que solo existen dos cosas importantes en la vida. La primera es el sexo y la segunda... no me acuerdo. Ah, sí. La economía. Ustedes sufren demasiado por la economía. ¿A qué sí? Incluso van al psiquiatra por la economía. ¡Qué pena! Pero tengan en cuenta que arreglar los problemas económicos es muy fácil, solo se necesita dinero. *(Se dirige a todos.)* ¿Ustedes tienen dinero? Veo que no. Si tuvieran dinero no estarían aquí como memos, pero hay una pequeña contradicción. Si han comprado la entrada es algo sí que tienen. Pillines, no sean mentirosos. ¿Son de Burundi, de Liberia, del Congo quizá? ¿Son de Malawi, de Mozambique, de Eritrea, de Guinea Bisau, de la República Centroafricana? Ustedes se quejan de vicio. Son unos ricos que se quejan de vicio. Y recuerden: es bueno pensar en el futuro, es el sitio donde pasaremos el resto de la eternidad.

(A medida que va pronunciando estas últimas palabras surge en el fondo del escenario un gran cielo que se abre y una luz que se dirige hacia YO, *mientras va cayendo el* TELÓN.*)*

EL TERRORISTA

PERSONAJES

EL TERRORISTA
PADRE
MADRE

ACTO ÚNICO

(El TERRORISTA *está agazapado, escondido debajo de la cama de un dormitorio. En esos momentos entra el* PADRE *y observa que hay un trozo de pie que asoma por uno de los laterales.)*

PADRE.- ¿Quién está ahí?

EL TERRORISTA.- *(Sale del escondite con un disfraz.)* Soy yo.

PADRE.- ¿Tú eres mi hijo?

EL TERRORISTA.- Calla. Habla bajito.

PADRE.- ¿Qué haces con ese disfraz?

EL TERRORISTA.- Padre, habla bajito, me persigue la policía.

PADRE.- ¿No serás tú el terrorista ese que se ha cargado hace poco a veinte?

EL TERRORISTA.- *(Orgulloso.)* El mismo.

PADRE.- Tú eres es un hijo de puta.

EL TERRORISTA.- Padre, no hables así.

PADRE.- ¿Cómo quieres que hable si has hecho una masacre?

EL TERRORISTA.- Es un acto de guerra.

PADRE.- ¿De guerra, matar a sangre fría a personas que se estarían tomando un cola-cao?

EL TERRORISTA.- Padre, estaban bebiendo alcohol, padre, alcohol.

PADRE.- ¿Acaso tú no te atiborras de cerveza?... Valiente capullo… Además, no me irás a decir que las has matado por tomarse unas cañas.

EL TERRORISTA.- Bueno…

PADRE.- Y vienes aquí a la casa, vestido de payaso, ¡so payaso!, que eres un payaso… para que nos detengan a nosotros también por cómplices y nos enchironen.

EL TERRORISTA.- He tenido precaución, padre. Por eso vengo camuflado.

PADRE.- ¿Camuflado dices? Te reconoce un finlandés a diez kilómetros. Nada más verte venir dice: ahí viene el gilipollas de los atentados.

EL TERRORISTA.- Padre, no me insultes. Te estás excediendo en el trato. A los héroes no se les insulta.

PADRE.- Pero a los hijos de puta sí.

EL TERRORISTA.- Creo que te estás pasando tres pueblos.

PADRE.- No. El que se ha pasado mil eres tú. ¿Quién te ha dicho a ti que mates a veinte personas por tomarse un cola-cao?

EL TERRORISTA.- Ya le digo que no se estaban tomando ningún cola-cao sino cosas más duras.

PADRE.- ¿Una manzanilla?

EL TERRORISTA.- No te rías de mí, padre, que esto es una cosa muy seria.

PADRE.- Y tan seria, joder, como que te has cargado a veinte. No a una o dos. A veinte… Entonces te los has cargado porque tomaban… ¿Qué tomaban? ¿Unas cervezas?

EL TERRORISTA.- Algo así.

PADRE.- ¿Algo así?

EL TERRORISTA.- Algo parecido a la cerveza… *(Resolutivo.)* Además, que tenían que morir y ya está. No me marees tanto.

PADRE.- Porque te ha salido a ti de los huevos.

EL TERRORISTA.- Es el destino, padre, somos los nuevos héroes de este milenio. Los nuevos héroes limpian a la humanidad de personas que beben alcohol y se meten cosas malas.

PADRE.- Mira, vete de aquí ahora mismo porque voy a llamar a la policía y no quiero que te pillen en mi casa.

EL TERRORISTA.- Esta también es mi casa.

PADRE.- Esta ya no es tu casa. Aquí los asesinos no tienen cabida.

EL TERRORISTA.- Soy tu hijo. Me tienes que proteger. Soy sangre de tu sangre y carne de tu carne.

PADRE.- Yo no tengo nada que ver con un terrorista que se carga a veinte seres humanos por tomarse una cerveza.

EL TERRORISTA.- Bueno… No es exactamente por tomarse una cerveza.

PADRE.- Aclara.

EL TERRORISTA.- He recibido una orden.

PADRE.- ¿De quién?

EL TERRORISTA.- No te lo puedo decir.

PADRE.- ¿Por qué?

EL TERRORISTA.- Yo no soy ningún chivato. Siempre me dijiste desde pequeño que no fuera acusica.

PADRE.- Pero qué acusica ni niño muerto. Te acabas de cargar a veinte…

EL TERRORISTA.- … Puede que más.

PADRE.- ¿Más?

EL TERRORISTA.- Yo creo que llegarán a treinta. Dejé a diez bastante jodidos. *(Se echa a reír.)* ¡Cómo pedían perdón!… Por sus males, claro. Si es que… Tienen un peligro. Todas estas víctimas tienen un peligro. Todos tienen algo de lo que arrepentirse. Claro, luego… cuando te los cargas, resulta que el malo eres tú. *(Vuelve a reír.)*

PADRE.- Tú eres un hijo de puta caníbal. Pero ¿de qué coño te ríes? Tú estás enfermo.

EL TERRORISTA.- Ojalá todos los enfermos tuvieran el alma que yo tengo. Yo soy una bellísima persona. Como tú, padre, como tú.

PADRE.- Me vas a romper el corazón, pero como vuelvas a decir que yo soy como tú te estoy dando hostias hasta mañana.

EL TERRORISTA.- Padre, sabes que con amenazas ya no consigues nada. Soy mayor. Ya no eres nadie. Ya no tienes autoridad, padre. Ya no eres nada.

PADRE.- Encima vienes aquí a insultarme.

EL TERRORISTA.- Padre, has sido tú el que me está insultando desde el principio. Yo soy una buena persona. Esto lo hago por el bien de la humanidad. Yo te he copiado a ti siempre, padre. Sé que eres buena gente, pero ya estás mayor y no entiendes que yo tenga otros criterios sobre la bondad y la maldad. Cuando los hijos crecen tienen sus propios criterios. ¿Tú no los tenías? Pues claro que los tenías, siempre es así. Pero los padres os creéis que los hijos tenemos siempre la misma edad y nos tratáis como si fuéramos bebés.

PADRE.- Menudo rollo tienes. Te has cargado a veinte personas y, además, dices que hay otras diez que van a perecer porque están muy graves.

EL TERRORISTA.- Así es, padre. Tú me has enseñado que las cosas, cuando se hacen, se deben acabar a lo grande. Padre, a lo grande.

PADRE.- ¿Quién te ha mandado hacer eso?

EL TERRORISTA.- No te lo voy a decir, padre. No te lo voy a decir. No soy ningún chivato.

PADRE.- Vete de mi casa inmediatamente. Y ojalá te peguen siete tiros, porque para mí no eres ya mi hijo.

EL TERRORISTA.- *(Trata de acercarse para abrazarlo.)* Padre…

PADRE.- … Como te acerques te mato.

EL TERRORISTA.- Padre, yo te quiero mucho. Te quiero mucho, padre. No me abandones.

PADRE.- *(Gritando.)* Vete de mi vista, asesino.

EL TERRORISTA.- Padre, yo… Lo hice por ti. Quería demostrarte que yo no era ningún pusilánime ni ningún cobardica, que yo era una persona guay.

PADRE.- *(Grita más fuerte.)* Vete, vete de mi vista.

(A los gritos entra la MADRE en el cuarto.)

MADRE.- Pero qué es este griterío. Hijo ¿qué haces vestido como un payaso? ¿Vas al teatro acaso?

EL TERRORISTA.- *(Se acerca y abraza a su madre.)* Mamá.

PADRE.- Tu hijo es un asesino.

MADRE.- ¡Qué tonterías dices!

PADRE.- Tú hijo es un asesino.

MADRE.- ¿Estás borracho o qué? Dime, hijo, qué es eso que dice tu padre.

EL TERRORISTA.- Dice que soy un asesino porque he matado a veinte personas.

MADRE.- *(Casi desmayándose.)* ¿Cómo…?

EL TERRORISTA.- Puede que a treinta.

(La MADRE cae al suelo definitivamente.)

PADRE.- Con este disgusto seguro que te cargas a tu madre también.

EL TERRORISTA.- Mamá, mamá… no te mueras, por favor. No te mueras. Que yo a ti te quiero mucho. Mamá, mamá…

PADRE.- Llama a una ambulancia.

EL TERRORISTA.- ¿Por dónde?

PADRE.- ¿Por dónde va a ser, payaso, por el teléfono?

MADRE.- *(Recuperándose.)* ¡Ay, qué mala! Me he desmayado… ¿Dónde estoy?

PADRE.- Aquí en tu casa, con tu marido y tu hijo asesino.

MADRE.- Explica eso, hijo, antes de que me dé un soponcio definitivo.

EL TERRORISTA.- *(Vanidoso.)* Soy un nuevo héroe, mamá. Acabo de asesinar a veinte, quizá treinta personas. ¿No te parece que es para estar orgulloso de tu hijo?

MADRE.- Hijo, no me gastes bromas, que mira como me tienes. ¿Quieres acabar conmigo?

EL TERRORISTA.- Sí. Digo no. Quiero decir que sí que he matado a esas veinte personas, pero yo diría que han sido treinta. Y desde luego no quiero acabar contigo. Te quiero tanto, mamá…

(La MADRE se desmaya de nuevo.)

PADRE.- Ahora a tu madre. ¡Gilipollas! Treinta y uno. Ya llevas treinta y uno. ¿Estás orgulloso? Esto va a acabar como el rosario de la aurora. Todos muertos.

EL TERRORISTA.- A mamá solo le ha dado un ligero desvanecimiento. Trae un poco de vinagre y se lo ponemos en la nariz, verás cómo se recupera.

(El PADRE *va a por vinagre mientras* EL TERRORISTA *atiende a su* MADRE.*)*

(Para sí.) Pobrecita, mamá, está ya tan mayor. Después de la menopausia ha dado un bajón la pobre y se desmaya ante cualquier cosa. No sé lo que hubiera pasado si llego a hacer lo que realmente quería hacer: que estallara una iglesia.

PADRE.- Toma. ¿Con quién hablas?

EL TERRORISTA.- *(Le pone el vinagre en la nariz y la* MADRE *despierta.)* Nada. Cosas mías. Ya va recuperándose.

MADRE.- ¿Dónde estoy?

EL TERRORISTA.- Aquí con nosotros. En casa.

MADRE.- Acabo de soñar algo horrible.

EL TERRORISTA.- ¿El qué, mamá?

MADRE.- Que tú me confesabas que habías matado a veinte personas.

PADRE.- Y es verdad. No son veinte. Serán treinta.

EL TERRORISTA.- Sí. Seguramente treinta.

MADRE.- No digas tonterías, Fulgencio, eso es un sueño.

EL TERRORISTA.- No, mamá. Es verdad lo que dice papá. He matado a… pongamos que treinta. Para redondear.

PADRE.- ¿Para redondear?

MADRE.- *(Se vuelve a desmayar otra vez.)* Ah…

EL TERRORISTA.- ¡Qué cansina con tanto desmayo!

PADRE.- Hasta que no te la cargues no vas a parar.

EL TERRORISTA.- A ver si te crees que no quiero a mi madre. Con lo que yo la quiero…

PADRE.- Ya. Pues díselo otra vez y verás. Acércale el vinagre.

EL TERRORISTA.- *(Le pone el vinagre y la* MADRE *comienza a recuperarse.)* Mamá, mamá, no te mueras, jolín.

MADRE.- ¡Ay, hijo, qué mala estoy! No sé lo que me pasa.

PADRE.- Te pasa que tu hijo es un asesino. Eso es lo que te pasa.

MADRE.- Mi hijo, carne de mi carne y sangre de mi sangre.

EL TERRORISTA.- Un asesino no, padre, un héroe.

MADRE.- ¿Un héroe?

EL TERRORISTA.- Sí, mami. Un héroe. ¿Recuerdas lo que me gustaba de pequeño ser héroe? Tú me leías cuentos de héroes y yo me quedaba embobado. Te lo agradezco mucho, mami. La verdad es que me has ayudado mucho para que pueda llegar a ser un buen héroe. *(Mira a su* PADRE.*)* Bueno, y papá también, que luego se pone celosillo.

PADRE.- Yo me quedo alucinado, anonadado y acojonado. Está aquí el tío tan campante, de cháchara, con ese hazmerreír de camuflaje, como si no hubiera pasado nada. Y ahí, en la calle, todo el mundo despavorido porque el terrorista más buscado del mundo ha huido.

EL TERRORISTA.- ¡Qué exagerado es, padre! Eres un buen actor.

MADRE.- No te reconozco, hijo.

EL TERRORISTA.- Soy yo, Alejandro. Claro… con el mareo… como que no me reconoces.

MADRE.- No, no te reconozco. Yo creía que había criado una persona normal y he criado un asesino en serie, un caníbal que se alimenta de seres humanos.

EL TERRORISTA.- No exageres, mami. Un héroe.

MADRE.- ¡Ay, Dios mío! ¿Qué he hecho mal?

EL TERRORISTA.- No sé por qué exageráis tanto. Si, además, tampoco han sido tantos. En realidad tenía pensado atentar contra una iglesia, pero al final me decidí por los bares porque el alcohol es el peor pecado.

MADRE.- No me lo puedo creer.

PADRE.- Pues créetelo, créetelo, tienes un asesino de tomo y lomo. Y sin avergonzarse. Así que yo, el menda, va a llamar a la policía ahora mismo.

EL TERRORISTA.- Pero qué dices, padre. Tú no me quieres.

PADRE.- A los hijos de puta ni agua.

MADRE.- Para insultarlo a él no me insultes a mí.

PADRE.- Perdona, Rogelia, es una forma de hablar.

MADRE.- Sí pero sin insultar. O si lo insultas, le puedes decir, por ejemplo, inútil.

PADRE.- ¿A un joven que ha matado a veinte personas y casi a treinta se le insulta llamando inútil?

EL TERRORISTA.- A mí me parece correcto.

PADRE.- Tú te callas.

MADRE.- Bueno, inútil o, por ejemplo, infructuoso…

PADRE.- Infructu… qué…

EL TERRORISTA.- Sí, infructuoso. Lleva razón madre. Significa que no he tenido…

PADRE.- Ya sé lo que significa. Y tú lo ves normal.

MADRE.- Al niño hay que protegerlo.

EL TERRORISTA.- *(Gritando de alegría.)* ¡¡¡Bien!!!

PADRE.- Ahora mismo llamo a la policía. Lo digas tú o lo diga Periquillo el de los palotes.

MADRE.- Ni se te ocurra. ¿Qué quieres, que nos metan a nosotros también en la cárcel por cooperadores necesarios o por cómplices… o acaso por encubridores?

EL TERRORISTA.- Ahí lleva razón, mamá. Bien por mi mami.

PADRE.- No lo estarás diciendo en serio.

MADRE.- Muy en serio. Aquí no hay chivatos. ¿Lo sabes o no?

PADRE.- ¿Y la justicia?

MADRE.- ¿Qué justicia?

PADRE.- La justicia.

MADRE.- No sé de qué me hablas, aclárate.

EL TERRORISTA.- Aclárate, padre, hablas como los oráculos.

PADRE.- Dejas que triunfe la familia y pierda la justicia.

MADRE.- No me hables de filosofía. La familia es la familia.

EL TERRORISTA.- Así es, mamá. Con dos huevos.

PADRE.- ¿Es hablar de filosofía que un hombre no pueda percibir la justicia si ha cometido un crimen?

EL TERRORISTA.- Sí que hablas raro hoy, padre.

MADRE.- ¿Tú qué te has fumado? ¿No habrás vuelto otra vez?

EL TERRORISTA.- Ah, te gustan los porrillos.

PADRE.- Yo no sé qué he criado aquí. Me voy.

MADRE.- Si te vas de aquí, no vuelvas. Tendrás la puerta cerrada.

EL TERRORISTA.- Muy bien, madre. Con dos cojones.

MADRE.- Y no te vayas a chivar.

PADRE.- No. No me chivaré.

EL TERRORISTA.- *(Escamado.)* No me fío, madre. Este se chiva y nos meten a los dos en chirona.

PADRE.- Me voy *(Se va hacia la puerta.)* Adiós.

EL TERRORISTA.- *(Saca una pistola.)* ¡Alto!

MADRE.- No irás a matar a tu padre.

EL TERRORISTA.- Depende. Como siga andando sí.

MADRE.- Fulgencio. Detente. No hagas tonterías.

(EL TERRORISTA dispara al aire.)

¡Fulgencio!

EL TERRORISTA.- La próxima vez voy al cuerpo.

PADRE.- *(Se gira.)* No serás capaz de matar a tu padre.

EL TERRORISTA.- Sería mejor que no me probaras.

MADRE.- No lo mates.

EL TERRORISTA.- *(Le apunta.)* Tú bebes mucho alcohol ¿no? Y acabo de enterarme que fumas porros ¿Es así? Yo no quiero porretas en mi casa. Era lo que me decías. Porretas en mi casa no. Te puedo pegar un tiro por esto. ¿Lo sabes?

(El PADRE no habla. Es como si estuviera alucinado, no dando crédito a lo que está oyendo.)

Pero para que no te vayas, digamos que te voy a pegar un tiro en un pie.

MADRE.- No, hombre, que es tu padre.

EL TERRORISTA.- En una oreja.

MADRE.- No me lo desgracies, hombre, que es muy guapo.

EL TERRORISTA.- Entonces en una mano.

MADRE.- No, hombre, no seas malo con tu padre.

EL TERRORISTA.- Es que no me fío de él. Le ha dado por la justicia, y cuando a un tío le da por la justicia no atiende a razones. Se pone muy cabezón.

MADRE.- Fulgencio, debes avenirte a razones. Lo que está diciendo tu hijo va en serio. Es capaz de pegarte un tiro. Fíjate, si ha matado a veinte.

EL TERRORISTA.- Yo diría que a treinta.

PADRE.- ¿Cómo puedes proteger a un asesino?

MADRE.- Si fueras madre lo entenderías. Lo que te hubiera gustado a ti ser madre. En el fondo me tienes celos.

EL TERRORISTA.- Yo creo que sí, mamá. Es bastante celoso papi.

MADRE.- Si fueras madre entenderías que a un hijo no se le abandona aunque sea el peor asesino del mundo. Es como matar una parte de ti. ¿Lo entiendes?... Tú que vas a entender. Tú nunca lo has querido.

EL TERRORISTA.- Así es, mamá. Nunca me ha querido.

MADRE.- Lo primero, querías que estudiara para médico. Pero ¿y si no quería ser médico?

EL TERRORISTA.- Eso, madre. Yo no quería ser médico, me da miedo la sangre.

MADRE.- Luego que fuera abogado.

EL TERRORISTA.- Eso, madre. Ni más ni menos que abogado. Con la mala prensa que tienen los abogados.

MADRE.- Y por último, profesor.

EL TERRORISTA.- Eso, madre. Profesor. Habrase visto. Con lo flojos que son los profesores.

MADRE.- Querías tener un flojo en la casa.

EL TERRORISTA.- ¡Qué bien me conoces, madre!

PADRE.- Y se hizo terrorista.

EL TERRORISTA.- No exactamente.

PADRE.- ¿Cómo no exactamente?

EL TERRORISTA.- Estás mayor, padre.

MADRE.- *(Al PADRE.)* Anda, pimpollo, prepárale algo al niño que seguro que tendrá hambre.

PADRE.- Veneno. Veneno es lo que le voy a preparar.

EL TERRORISTA.- Madre, no te fíes de él que me quiere matar.

MADRE.- *(Al PADRE.)* No seas quisquilloso, hombre. Que tu hijo te quiere mucho. Hazle una paella de esas que preparas tan bien.

PADRE.- Para celebrar los treinta muertos.

MADRE.- A lo mejor solo han sido veinte. Ten en cuenta que el niño siempre ha sido un poco fantasioso.

PADRE.- ¡Qué más da veinte que treinta!

MADRE.- Si da. ¿Cómo no va a dar? ¡Ay, Fulgencio, que viejecito te estás poniendo!

EL TERRORISTA.- ¿A que sí mamá?

MADRE.- ¿Vas a ser un buen padre y le vas a hacer de comer a tu hijo?

PADRE.- Le voy a hacer una poca leche.

EL TERRORISTA.- Mamá, no me va a hacer nada. Papá no me comprende. Nunca me ha comprendido. Cuando era pequeño y venía del colegio y le decía que me habían pegado los niños me contestataba que algo habría hecho. Fíjate qué padre.

MADRE.- ¡Ay Fulgencio qué cabezón te pones! Iré yo a hacerle algo, que el pobre se me va a morir de hambre. ¡Criatura!

(La MADRE *se marcha a la cocina.)*

PADRE.- *(A EL TERRORISTA.)* Es que siempre hacías algo.

EL TERRORISTA.- Pero no me defendías. Tú tenías que ir al maestro y quejarte y defenderme, pero no me defendías.

PADRE.- ¿Cómo te iba a defender si cuando no pegabas fuego a una niña, le ponías chinchetas a los niños en las sillas para que se las clavaran en el culo?

EL TERRORISTA.- Lo que me reía. Para empezar, las niñas eran unas guarras. Estaban todo el día morreándose en los wáteres… las muy guarras, con los gilipollas de turno. Y, segundo, a los que les ponía chinchetas era porque se reían de mí y me llamaban cabezón.

PADRE.- ¡Coño, pero es que eres cabezón!

EL TERRORISTA.- Y aunque lo fuera. Padre, tú nunca me has defendido. Tú no has sido mi padre. Tú has sido una cabra.

PADRE.- ¿Una cabra?

EL TERRORISTA.- Sí. Una cabra.

PADRE.- Pensaba que era un cabrón.

EL TERRORISTA.- También.

PADRE.- ¿Cómo también?

EL TERRORISTA.- Que también eres un cabrón.

PADRE.- ¿Dicho de una persona, de un animal o de una cosa que hace malas pasadas o resulta molesto?

EL TERRORISTA.- No exactamente, sino dicho de un hombre que padece la infidelidad de su mujer…, y en especial si la consiente.

PADRE.- Me lo temía.

EL TERRORISTA.- Equilicuá.

PADRE.- Y eso te lo ha dicho tu madre.

EL TERRORISTA.- Equilicuá.

PADRE.- Porque me ha puesto los cuernos.

EL TERRORISTA.- Equilicuá.

PADRE.- Con otro hombre.

EL TERRORISTA.- *(Sonríe.)* Equilicuá.

PADRE.- Puedes decir otras palabras del diccionario aparte de equilicuá.

EL TERRORISTA.- Es para no hacerte daño.

PADRE.- Entonces tú no eres mi hijo, ¿no?

EL TERRORISTA.- (…)

PADRE.- ¿No lo sabes?

EL TERRORISTA.- (…)

PADRE.- ¡Coño, pero di algo, que me quiero enterar!

(En ese momento entra la madre con la comida.)

EL TERRORISTA.- *(Le da un beso.)* Madre, es que te tengo que querer.

MADRE.- *(Al PADRE.)* ¿Y a ti qué te pasa que parece que te ha dado un soponcio? Estás blanco.

EL TERRORISTA.- *(Comienza a comer, habla comiendo y, a veces, no se le entiende.)* Papá se ha enterado que es... ja... brón.

MADRE.- Niño, no hables comiendo que no me entero de nada. *(Al PADRE.)* ¿Qué dice el niño?

PADRE.- Que soy un cabrón.

MADRE.- ¿Una persona, animal o cosa que hace malas pasadas o resulta molesto?

PADRE.- No exactamente, sino un hombre que padece la infidelidad de su mujer..., y en especial si la consiente.

MADRE.- ¿Y eso quién te lo ha dicho, el niño?

EL TERRORISTA.- Sí, he sido yo, mamá.

MADRE.- No le hagas caso, hombre, que el niño es muy bromista. Tú, fíjate que va diciendo que se ha cargado a veinte. Eso no se lo cree ni él.

EL TERRORISTA.- A treinta, mamá, a treinta.

MADRE.- Bueno, vale, come y calla. Mira, Fulgencio, yo a ti te quiero mucho. Fíjate si te quiero que... a ver, qué te compré para tu cumpleaños.

PADRE.- Un móvil.

MADRE.- ¿Y tú crees que si te hubiera puesto los cuernos te iba a comprar un móvil?

EL TERRORISTA.- Anda, padre, eso te ha dado. ¿Eh?

MADRE.- No digas tonterías, hombre. Cuando uno pone los cuernos hace otras cosas.

PADRE.- ¿Cómo qué?

MADRE.- Por ejemplo, no va contigo a echarle de comer a los patos al parque.

EL TERRORISTA.- ¿Al parque vais a echarle de comer a los patos? ¡Qué guay!

PADRE.- Eso sí es verdad.

MADRE.- ¿Lo ves? Anda, pimpollo, ven y me das un beso. *(El*

PADRE *se acerca y besa a la* MADRE:) Hay que ver cómo sois los hombres. Como niños pequeños. No crecéis. Os quedáis en la infancia.

EL TERRORISTA.- *(Metiendo cizaña.)* Pero tú me dijiste que papá era un cabrón.

MADRE.- Pero no ese cabrón que tú dices sino el otro. En realidad no dije cabrón sino cabroncete.

PADRE.- Ya me quedo más tranquilo.

EL TERRORISTA.- ¿Entonces yo soy hijo de papá?

MADRE.- ¿De quién vas a ser si no?

EL TERRORISTA.- Pensaba que mi padre era artillero o algo así, o soldado. Como me gustan tanto las armas.

MADRE.- Tú padre es el señor Fulgencio. Una gran persona.

PADRE.- Ya me quedo más tranquilo. *(Se toca la frente.)* ¿Y los muertos de este payaso, ya los estáis olvidando?

EL TERRORISTA.- Todo es mentira, padre. Mentira. Es una broma.

PADRE.- ¿No has matado a nadie?

EL TERRORISTA.- Ni a una mosca.

MADRE.- ¿Lo ves como era mentira?

PADRE.- ¿Y las sirenas de la policía?

MADRE.- Habrá habido algún accidente. Será la ambulancia.

(Se oyen voces desde el exterior de la policía que dice que está acorralando la zona y están en busca de un terrorista.)

PADRE.- ¿Y lo que dice la policía?

MADRE.- Estarán rodando alguna película.

EL TERRORISTA.- Sí, papá, es una película.

(El PADRE *se asoma y ve los cuerpos tirados por el suelo y la sangre.)*

PADRE.- Todo está lleno de cadáveres.

EL TERRORISTA.- Padre, qué pesadito te estás poniendo. Te voy a tener que matar a ti también.

MADRE.- Déjalo, pobrecito, bastante tiene con los cuernos.

PADRE.- Ya me lo imaginaba. Sabía que este no era mi hijo. No podía ser mi hijo. Yo soy una buena persona.

MADRE.- Ya está como siempre, echándose flores. ¿Y yo una mala persona?

EL TERRORISTA.- Mamá, es mejor que lo mate. Además, si no es mi padre. ¡Qué más da!

PADRE.- Mátame porque si no lo haces voy a ser yo el que te mate a ti.

MADRE.- Irás a la cárcel de por vida.

EL TERRORISTA.- *(Le apunta con una pistola.)* ¿A quién vas a matar tu so payaso?

MADRE.- No hagáis tonterías.

PADRE.- Dispara ya de una vez. Ya no tiene sentido la existencia. He perdido la dignidad.

MADRE.- ¿Por unos cuernos más o menos te vas a poner así? Fulgencio, que llevamos toda la vida juntos.

PADRE.- Pero yo con cuernos.

EL TERRORISTA.- ¿Y tú nunca le has puesto a mamá los cuernos?

PADRE.- Que tú no eres mi hijo. ¿Cómo, a mamá? Nunca le he puesto los cuernos.

EL TERRORISTA.- Y yo que me lo creo.

PADRE.- Lo juro.

MADRE.- Por tu madre.

PADRE.- Por mi madre no juro nada.

EL TERRORISTA.- ¡Fantasma!.

PADRE.- Terrorista, mátame ya de una vez.

MADRE.- Dale ya, hijo. Pégale ya un tiro a este simplón.

EL TERRORISTA.- *(Va a disparar y en ese instante el* PADRE *se desmaya.)* ¡Vaya, ya se ha desmayado otra vez! ¡Pobrecillo! Le ha dado miedo. Si es que, en el fondo, es un cagueta. ¿Y el vinagre, mamá? *(La* MADRE *le acerca el vinagre y se lo pone en la nariz, pero no despierta)* Despierta, hombre, que todavía estás vivo.

MADRE.- Vámonos, hijo, y deja a este ahí que hay que seguir matando. Dijimos que acabaríamos con cien en un mes y solo llevamos veinte.

EL TERRORISTA.- Treinta y uno, mamá.

(Y mientras salen por el foro va CAYENDO EL TELÓN.*)*

ÍNDICE

LA INJUSTICIA ES EL VERDADERO INSULTO   11
COSAS DE GAYS   25
EL PROFESOR CANÍBAL   47
EL TROPEZÓN   61
EL COVID 19 Y EL NIÑO   73
LA CALLE   89
LA PCR   95
EL NÁUFRAGO   109
EL SEXTO MANDAMIENTO   125
LA NIÑA Y EL MENDIGO
QUE LEÍA NOVELAS DE AMOR   149
EL ESPEJO   173
YO   179
EL TERRORISTA   189

E s t a
PRIMERA EDICIÓN
DE *Teatro caníbal com-
pleto. Volumen VII*, A CARGO
DE FRANCISCO MORALES LOMAS,
HA SIDO IMPRESA CON PAPEL AHUESADO,
DE 80 GRAMOS. SE HA UTILIZADO LA TIPO-
GRAFÍA GARAMOND PRO. Y SE TERMINÓ DE
IMPRIMIR EN LA IMPRENTA REPROGRÁFICAS
MALPE, EN GETAFE (MADRID), EN EL MES
DE FEBRERO DEL AÑO 2024.